美国城镇与乡村基层
图书馆发展研究

曹海霞 著

学苑出版社

图书在版编目（CIP）数据

美国城镇与乡村基层图书馆发展研究 / 曹海霞著 .—北京：学苑出版社，2023.8

ISBN 978-7-5077-6707-0

Ⅰ.①美… Ⅱ.①曹… Ⅲ.①公共图书馆—图书馆发展—研究—美国 Ⅳ.① G259.712.1

中国国家版本馆 CIP 数据核字 (2023) 第 126100 号

责任编辑：	战葆红
出版发行：	学苑出版社
社　　址：	北京市丰台区南方庄 2 号院 1 号楼　100079
邮政编码：	100079
网　　址：	www.book001.com
电子邮箱：	xueyuanpress@163.com
联系电话：	010-67601101（营销部）　010-67603091（总编室）
印 刷 厂：	北京建宏印刷有限公司
开本尺寸：	710 mm×1000 mm　1/16
印　　张：	15
字　　数：	250 千字
版　　次：	2023 年 8 月北京第 1 版
印　　次：	2023 年 8 月北京第 1 次印刷
定　　价：	100.00 元

序

  公共图书馆自19世纪50年代在英美兴起后，迅速在世界各地得以普及，成为社会教育的重要力量，为实现和保障民众的教育、文化与信息平等权利发挥了不可替代的作用。2022年，国际图联（IFLA）发布《国际图联/联合国教科文组织公共图书馆宣言（2022）》，其中提道"公共图书馆是各地通向知识的门径，为个人和社会群体的终生学习、独立决策和文化发展提供各种知识利用"，同时强调"公共图书馆是开展教育、传播文化、提倡包容和提供信息的有生力量，也是发挥所有人的才智实现社会可持续发展、个人和平与精神充实的重要机构"。显而易见，公共图书馆在社会发展中的重要作用不言而喻，健全的公共图书馆服务体系对于整个文明社会的发展都有着积极的促进作用。该书以美国的城镇和乡村图书馆发展为例，进行了研究与探索。

  美国公共图书馆在美国生活中一直占有某种特殊的地位，甚至可以被视为美国社会包括政府结构、经济状况、政治潮流以及知识和文化生活的缩影。税收支持的美国公共图书馆成立于19世纪中期，20世纪获得了极大的发展。近200年来，美国公共图书馆向读者提供书籍、期刊和其他多媒体资源，耐心回答读者的询问，提供一系列儿童讲故事活动和成人讲座活动，并作为社会重要的文化信息中心，在美国的现代文明建设中扮演着重要的角色。美国公共图书馆的发展一直有着健全的法律法规的保障和社会各界的支持，也正是这种特殊的背景孕育了美国完善的公共图书馆机构和健全的公共文化服务体系。

美国公共图书馆有两个显著的特征：第一，美国公共图书馆作为一个重要的地方公共机构，有权通过国家允许的立法征税来维持其自身的生存；第二，美国公共图书馆将通过各种教育机会提高公民素质作为使命。从历史上看，美国的公立学校也是能够实现社会平等并提高公民素质的工具，但与公共图书馆不同，学校服务标准和服务对象由国家严格规定。相比之下，公共图书馆从一开始就提供了更多类型的服务，教育对象和服务对象更为宽泛，甚至游客都可以免费浏览公共图书馆的藏书。

美国有着发达的公共图书馆体系，尤其有着众多靠近居民生活区域的社区图书馆，这些城镇与乡村社区图书馆是美国公共文化体系的中坚力量。这些城镇和乡村的基层社区图书馆兼收并蓄，具有多样性、异质性特征。作为当地社区的重要机构，虽然它们因所服务的社区在规模、范围、治理、资金、服务用户和外观等方面有所差异。但它们的相同点都是依据各州法律建立的税收政策得以持续发展下去的——美国目前9057个行政实体（16607个总分馆）的公共图书馆都是根据50个州法律和数千条地方条例在有条不紊地运作。每个图书馆馆藏的重点和特色各不相同，但核心服务理念是相似的；印刷品与非印刷品的比例可能有所不同，但书籍、杂志、报纸和视听媒体，以及越来越多的录像带和CD-ROM，甚至儿童阅览空间几乎无处不在。这些图书馆的基本服务和技术、图书馆馆藏的组织以及图书馆员的职业资格准入都是统一的。使用这些图书馆的用户及其使用目的如同当代美国生活的万花筒：寻求学习英语的新移民、正在完成与学校有关作业任务的学生、学习撰写简历的求职者以及渴望提升使用计算机经验的新技术爱好者等。总之，美国的公共图书馆是一个具有多方面使命，具有总体方向感和对公共服务有着坚定承诺的机构。

从美国公共图书馆整体发展进程上看，美国公共图书馆虽然起源发展

序

于 19 世纪中期，但由于全美在公共图书馆服务和财政支持方面存在着严重的不平衡，直到 20 世纪中叶及以后，才开始将公共图书馆服务体系广泛拓展到乡村地区。1948 年，美国国会颁布《国家公共图书馆服务计划》，旨在促进图书馆为乡村的居民提供服务。1956 年美国颁布《图书馆服务法案》，规定发展一万人口以下的农村图书馆，这有力地促进了县、市（镇）图书馆的建设。进入 21 世纪的信息网络社会，美国仍十分注重小城镇以及乡村地区社区图书馆的发展，并注重加强社区图书馆的网络化建设。数字环境下，尽管美国小城镇和乡村社区图书馆遇到了一些困难和挑战，但美国社区图书馆为民众服务的宗旨始终没有改变，只是在服务方式和服务内容上有所调整和拓展。

21 世纪以来，随着我国政府对文化事业的投入和建设力度的加大，尤其是对公共图书馆等文化机构给予了重视，基层图书馆的建设和完善开始提上日程。近年来，随着文旅融合发展，国内各地公共文化服务体系建设中的文化工程建设项目逐步提上日程，尤其是乡村振兴背景下基层社区图书馆建设持续成为学术领域关注的焦点。但在很多地方，尤其是欠发达地区，县以下基层图书馆的建设和发展仍是我国公共图书馆服务体系建设的瓶颈。一方面，乡村等基层图书馆的受众决定了它发展的难点（如乡村图书馆的藏书类型与可持续资金支持等问题），并且小城镇和农村居民的信息需求有着地域的特殊性；另一方面，乡村基层图书馆管理体制存在着一些问题，如地方政府能够在多大程度上支持基层图书馆发展的力度问题、乡村图书馆专业化人员的管理问题等。随着我国经济的快速发展，城乡一体化进程加速，城乡差距逐步缩小，城镇化比率增大，国家基础教育水平提高，以及乡村振兴战略的实施，返乡创业大学生的信息需求、留守儿童阅读服务、老年人数字化阅读等都可能会成为基层图书馆发展的现实与潜在需求，期待他们会有效地利用城镇与乡村图书馆，获取所需的图书或者其他资源，基层图书馆也将会充分发挥价值，而不是拘泥于以往的形象工程建设。

本书作者曹海霞是北京大学信息管理系图书馆学专业2009级博士研究生。作为她的导师,她的研究方向和我当时在研的国家社科基金研究课题"基层图书馆可持续发展"非常吻合。她获得了国家留学基金资助到美国伊利诺伊大学香槟分校进行为期一年的学习机会后,不仅阅读了大量有关美国公共图书馆发展的论著,而且还花了大量时间实地考察了伊利诺伊州众多有代表性的基层图书馆,访谈了数十位基层图书馆员和读者,获得了很多一手资料,为她后来的博士学位论文写作奠定了坚实的基础。博士研究生毕业后,曹海霞先后在中国医学科学院图书馆和中国传媒大学图书馆工作,但我一直希望她能够继续关注公共图书馆的建设和发展,特别是基层图书馆的可持续发展。当她告诉我想要在她博士学位论文基础上专门写一本关于美国城镇与乡村基层图书馆发展研究的专著时,我给予了充分的肯定。现在,这本书终于完成了,我既为曹海霞感到高兴,也为读者能够比较全面和真实地了解美国城镇与乡村基层图书馆的发展情况感到欣慰。

该书主要针对美国城镇与乡村基层/社区公共图书馆的发展进行了理论阐释和实证探究,通过对美国城镇与农村社区图书馆发展的理论和实践研究,希望对我国乡村振兴背景下公共文化体系建设尤其是基层/社区图书馆的普遍发展提供借鉴,对基层图书馆发展起到一定推动作用。期待着更多研究基层图书馆发展的人积极探索、勇于创新,不断积累理论与实践经验,不断创新研究成果,共同推进我国基层图书馆的向前发展。

北京大学信息管理系教授
博士生导师
刘兹恒
2023年2月

目 录

第1章 引言 ·· 1
  1.1 研究缘起 ··· 1
  1.2 研究对象 ··· 3
  1.3 研究意义与研究方法 ·································· 9

第2章 美国城镇与乡村基层图书馆发展的理论基础 ············ 12
  2.1 空间及其空间生产理论 ······························ 12
  2.2 社区发展理论 ······································ 15
  2.3 其他相关理论 ······································ 20

第3章 美国城镇与乡村基层图书馆发展的历史背景 ············ 22
  3.1 美国公共图书馆发展简史 ···························· 22
  3.2 美国城镇与乡村图书馆发展早期的社会背景 ··········· 31
  3.3 美国城镇与乡村基层图书馆发展的社会历史条件 ······· 39

第4章 美国城镇与乡村基层图书馆管理与服务研究 ············ 50
  4.1 总体情况 ··· 50
  4.2 美国城镇与乡村基层图书馆管理体制研究 ············· 63
  4.3 美国城镇与乡村社区图书馆服务形态研究 ············· 84
  4.4 美国城镇与乡村基层图书馆发展总结及未来发展面临的问题 ··· 99

第5章 互联网时代美国城镇与乡村基层图书馆发展进展 …… 107
5.1 互联网背景下美国基层图书馆发展概况 …… 107
5.2 互联网背景下美国城镇与乡村基层图书馆服务模式 …… 118
5.3 宽带网络计划与美国城镇与乡村基层图书馆发展 …… 128
5.4 如何利用城镇与乡村基层图书馆弥补数字鸿沟 …… 135
5.5 互联网环境下城镇与乡村基层图书馆未来发展面临的挑战 …… 138

第6章 伊利诺伊州城镇与乡村社区图书馆的实证研究 …… 141
6.1 伊利诺伊州城镇和乡村社区图书馆概况 …… 141
6.2 伊利诺伊州香槟县社区图书馆调研 …… 145
6.3 香槟县社区图书馆居民利用情况分析 …… 163

第7章 美国城镇与乡村基层图书馆发展经验与启示 …… 175
7.1 美国城镇与乡村基层图书馆发展的经验 …… 175
7.2 美国城镇与乡村基层图书馆发展中出现的问题 …… 186

第8章 中国城镇与乡村基层图书馆发展探索 …… 192
8.1 中美两国城镇与农村基层图书馆发展路径比较 …… 192
8.2 我国城镇与乡村基层图书馆发展存在的问题与未来发展展望 …… 193

参考文献 …… 203

附录 …… 219

后记 …… 229

第 1 章　引言

1.1 研究缘起

关于"美国城镇与乡村基层图书馆"的研究动机，大而言之，缘起于中国 21 世纪以来蓬勃发展的公共文化服务体系建设背景。近年来，随着文旅融合发展，各地公共文化服务体系建设中的文化工程建设项目逐步提上日程，尤其是乡村振兴背景下基层社区图书馆建设成为学术领域关注的焦点；小而言之，则缘起于笔者参加博士生导师课题——关于中国县以下基层图书馆研究课题中的研究实践[1]，在此研究期间，笔者深入河北省邯郸市磁县、江苏省苏州市、广东省东莞市等社区进行基层图书馆的调研。从理论研究和实践调研中，笔者深切体会到中国不同省市之间（尤其是东部与西部）城乡基层社区图书馆发展存在着很大差异。

本书的着力点在于研究美国公共图书馆之基层"城镇和乡村社区图书馆"的发展历史、管理和服务等发展概况。经过几百年的发展，美国公

---

[1] 自从 2009 年博士研究生入学以来，笔者一直跟随导师进行相关课题的研究，进行了调研报告的设计、调研项目的实地调研、案例分析等工作，并先后发表了数十篇相关科研论文、科研报告等。

共图书馆服务体系及发展模式是比较成功的，尤其是美国有着众多的城市社区图书馆、农村及郊区社区图书馆等广泛的公共图书馆服务体系服务着美国的大部分民众。相比美国发展情况，中国公共图书馆服务体系中的基层图书馆建设存在一些问题。进入21世纪以来，中国经济社会转型时期，随着政府对文化事业的投入和建设力度的加大，尤其是对公共图书馆等文化部门给予了重视，基层社区图书馆的建设和完善工作开始提上日程。但在很多地方，尤其是欠发达地区，县以下基层图书馆的建立和发展始终仍是我国公共图书馆服务体系建设的瓶颈。如何突破这个瓶颈？目前国内很多学者和专家从不同角度给出了理论的阐释和指导，在实践操作层面推动了基层图书馆体系的发展。为了更深入地研究我国公共文化服务体系和基层图书馆建设，更好地推动我国社区图书馆的发展实践，笔者把研究的目光投向国外——探寻美国社区图书馆管理与服务之历史情况、发展现状等。因此，本着借鉴参考、批判学习并有所启示的最初目的，在2012年9月至2013年9月，笔者利用中国国家留学基金管理委员会"国家建设高水平大学公派研究生项目"之联合培养博士研究生的机会，深入美国一年，进行了一手资料的收集和实地案例的调研，积极开展了本项研究；尤其是数字环境下，信息技术的发展对公共图书馆是一次巨大挑战，对公共图书馆服务开展影响很大，而美国公共图书馆在这一方面都有较好的实践案例和成熟经验以供借鉴。我们希望美国的公共文化服务体系之路能对我国公共文化服务体系，尤其是目前基层社区图书馆的广泛发展有一些启示意义。但是，中美两国由于社会治理模式、文化背景等不同，公共图书馆的建设和发展也必然有着不同的发展路径，因此，全盘借鉴美国文化事业发展经验的这种"拿来主义"的模式是不可取的。笔者希望通过借鉴和参考美国城镇与乡村基层图书馆的某些发展路径，研究美国社区图书馆的发展经验，择取美国某些值得借鉴并符合中国国情的经验，促进国内基层社区图书馆发展，以切实推动中国公共图书馆文化服务体系的深入发展。

第 1 章 引言

1.2 研究对象

城镇与乡村基层图书馆属于社区图书馆范畴，而社区图书馆的建设形成于社区建设的大背景中。社区的建设和发展在我国的广大城市和乡村已经形成势不可挡之势。对于社会迅速转型进程中的中国来说，社区研究属于 21 世纪以来比较新鲜的事物，社区的建设和发展模式也在不断地摸索和总结之中[1]。

社区是社会学家使用最多的词，也是概念上最复杂、歧义最多的词之一。从概念的产生与发展来看，学者们普遍承认，社区这个概念源于德国社会学家斐迪南·滕尼斯（Fevdinand Tonnies）贡献（滕尼斯因此被誉为社区理论的创建者）。1887 年，他出版了社会学名著《社区与社会》（*Gemeinschaft und Gesellschaft* 即 *Community and Society*），滕尼斯使用的"Gemeinschaft"和"Gesellschaft"这两个概念，通常也被中文译为"礼俗社会"和"法理社会"或者"共同体"与"社会"，他强调的是这两种理想类型的对立。礼俗社会的特征是"亲密无间的、与世隔绝的、排外的共同生活"，其成员由共同的价值观和传统维系在一起，他们有共同的善恶观念、有共同的朋友和敌人，在他们中间存在着"我们"或"我们的"意识。1933 年，费孝通先生在谈到"社区"这个术语的翻译时指出：社会是人际关系的综合，每一个社区都是一个社会，而社会却不是社区，"（社区）这个词实际是指在一个地方共同生活的人……是指一群聚集在一个地方分工合作的人，它是具体的，这群人之间的关系，即人际关系，构成社会"。在国际图书馆协会联合会《公共图书馆指南（2000 年）》和其他有关公共图书馆的文献中，社区的概念指的是图书馆所辖区及其居民。其含义来自

---

[1] 牛康. 社区服务与资源共享的社区图书馆[J]. 图书情报工作，2004，(10)：49-51.

"社区"一词的下述语义:"社区是一个特定的区域或地方及其居民。"[1] 本书在这个意义上使用"社区"的概念。

从社会学角度上讲,社区是一种社会组织单位,也是一个心理文化单位。社区通常被看成为个人与社会相联结的桥梁纽带。社区成员长期处在一个共同的地域,其人口特性以及经常性的密切社会关系,使社区成为具有共同心理及文化特性的结合体,即具有心理及文化单位的特性。一个具有共同心理及文化特性的社区,人们通常都有共同的信仰、价值观念、归属感觉、理想目标、生活方式及风俗习惯等。社区成员通过参与社区活动与社会的政治、经济和文化相联系。社区图书馆作为一个民众的公共空间,无疑是一个很好的平台,也是社区居民应该首选的归属地。

美国基层社区的概念与我国作为准行政末梢的城市社区不尽一致,美国社会中关于社区的定义主要是指生活在一个相对固定的区域、有一定数量的人口、具有共同的区域身份、持有某些共同的看法和利益相关的群体。而中国传统意义上的社区概念则多数涉及了行政区划的概念。虽然美国社区的行政区划与我国有着很大的区别,但美国城镇和乡村基层社区图书馆与我国的城市社区图书馆以及乡镇、农村图书室等基层图书馆是相似的,都是指基层的、服务人口比较少的图书馆[2]。本书中的研究对象"基层图书馆"也即"社区图书馆"也是一个特有的概念。国内学者对其有多种解释定义,笔者罗列以下几种有代表性的定义与解释:

在中国公共图书馆研究中,社区图书馆最早的明确定义是 1995 年霍国庆给出的定义。他认为,社区图书馆是通过文献信息的选择、组织和传递来为一定地域内的所有居民服务的图书馆。社区图书馆不同于大型公共

---

[1] 社区(community).*The new oxford dictionary of English*[M]. 上海:上海外语教育出版社,2001:371.

[2] 王开学. 无处不在 不可或缺——美国社区图书馆印象[J]. 图书馆建设,2011(11):10-12.

第1章 引言

图书馆，它是依据人口分布而不是行政区划来设置的，具有区域性、全民性、系统性和多样性等特征，是普及科学文化知识和提高全民素质的最有效途径之一[1]。

刘兹恒认为，基层图书馆/社区图书馆是指建立在社区内，根据社区居民的需要，通过对文献信息及其他来源的信息进行选择、收集、加工、组织，并提供社区居民使用的文化教育机构和社区信息交流中心。社区图书馆是社区文化建设的中心环节，它要与社区内其他文化设施一起，向社区内所有居民开放，为社区居民提供便捷的信息服务。[2]

刘茂生、孙革令认为基层图书馆/社区图书馆主要包括"城市中的社区图书馆和农村地区的乡镇图书馆"。[3]

还有国内研究中这样界定，社区图书馆是指城市范围内（一个或若干个居委会管辖区域）富有小区文化特色的小型图书馆，具有公益性、基本性、均等性、便利性、服务性等特性，是构建公共文化服务体系的有效载体；社区图书馆是形成公民价值共识、行为准则的活动场所，是社区公民"安居乐业"小康生活质量的标志，是体现公共文化服务体系的有效载体。[4]2016年，《社区图书馆服务规范》对于社区图书馆的界定是：社区图书馆多由区（县）级政府主办，或社会力量捐资兴办，为社区居民提供教育、信息和文化休闲服务的小型公共图书馆。[5] 社区图书馆的功能主要在于：培育社区文化、传递实用信息、开展社会教育、开发闲暇时间。社区

---

[1] 霍国庆，金高尚. 论社区图书馆[J]. 中国图书馆学报，1995（4）：54-59.

[2] 刘兹恒，薛旻. 论社区图书馆的功能、模式及管理机制[J]. 中国图书馆学报，2002（5）：32-35.

[3] 刘茂生，孙革令. 中西基层图书馆建设比较[J]. 中国图书馆学报，2020，46（249）：42-44，51.

[4] 上海图书馆. 覆盖城乡的公共图书馆服务体系——上海市中心图书馆建设十周年[M]. 上海：上海社会科学院出版社，2010：12.

[5] 《社区图书馆服务规范》（中华人民共和国行业标准 WH/T 73-2016）.2023-01-07.https：//www.mct.gov.cn/whzx/zxgz/wlbzhgz/202008/t20200812_874089.html.

图书馆的模式主要是公共图书馆的延伸服务和分馆建设模式。把社区图书馆作为市（县）公共图书馆的有机组成部分，归属公共图书馆统一管理，使其成为公共图书馆的分馆。

基于社区的图书馆及信息服务一直是图书馆学的重要实践与研究领域。不同于我国城市街道所辖的"社区"，国外的社区概念更为广泛，指地理意义上的区域（如一个村庄，甚至一座城市）以及居住在这个区域里有共同联系的人和他们之间的社会互动。20世纪60年代，美国兴起了社区图书馆运动，面向基层社区（特别是弱势群体）主动提供信息服务的行业性活动。它由激进的社会改革者和图书馆员发起，旨在挑战当时公共图书馆机构化的服务方式和贴近中产阶层的服务传统，号召图书馆员走进社区，担负起推动社会公平的责任。[1] 在美国，人们一般习惯性地把身边较小的公共图书馆叫作社区图书馆。也有很多美国学者把较小的公共图书馆叫作小型图书馆（small library），而非"社区图书馆"，但美国的小型图书馆的本质就是一般我们所谓的"社区图书馆"。今天，美国社区图书馆遍布在美国的各个角落，无论市民居住地如何变迁，基本上可以在离家两公里左右的范围内找到一个图书馆。[2] 美国图书馆学体系及系统中对社区图书馆给出了相关具体定义，《美国公共图书馆体系最低标准，1966》（*Minimus Standards for Public Library Systems,1966*）对社区图书馆做出以下阐述：社区图书馆，作为在图书馆系统最为接近读者的单位，可能是一个村图书馆、镇图书馆、乡图书馆或较小的市图书馆；也可能是当地市、县或区域公共图书馆的一个分馆或附属机构；还可以是一个流动图书馆、流动图书车或者服务社区的其他移动装置；也可以是在远程或多个隔离区，通过直邮服务方式提供的适当的服务中心。

The community library, as the unit in the library system closest to the reader,

---

[1] 周文博，于良芝. LIS 的社区实践及其理论遗产 [J]. 中国图书馆学报，2002（1）：22-35.
[2] 石烈娟. 美国社区图书馆服务及其启示 [J]. 图书馆，2009（2）：70-72.

may be: a village, town, township, or city library; a branch or affiliated agency of a city, county, or regional library; a bookmobile, trailer, or other mobile unit serving a number of communities; in remote or more isolated areas, direct mail service from an appropriate service center.[1]

此外，在上述《美国公共图书馆体系最低标准，1966》中对社区图书馆做出以下要求：其一，社区图书馆能够提供足够的供人们日常使用的资源。其二，社区图书馆应该容易到达，通常在人口密集的城市地区人们15分钟可到达，在人口较为稀疏的农村地区或郊区30分钟可到达。其三，社区图书馆应该是公共图书馆系统的一部分，与官方有一个明确的关系，社区图书馆应该是当地政府机构的一部分。其四，社区图书馆应该有一个清晰的法律基础，即以该州的图书馆法的规定为基础，进行建立设置、行政组织以及财政支持、撰写年度报告等。其五，社区图书馆拥有自己独立的管理权力（包括人事任命等）。其六，社区图书馆应该与当地的中小学学校图书馆、大学图书馆及其他学术机构开展合作，从而为当地的学生服务。此外，需要指出的是，美国博物馆与图书馆服务署（Institution of Museum and Library Service，IMLS）界定的关于美国公共图书馆的相关术语阐释中，明文规定了公共图书馆的范围，主要包括中心图书馆（Central Buildings or Headquarters）、图书馆分馆（branch Buildings）、流动图书馆（travelling library 或者 bookmobile）、城镇图书馆（township library）、乡村图书馆（rural library）、邮寄图书（mail books）等类别与形式[2]。这些公共图书馆相关概念只是美国整个公共图书馆体系中较为泛化的一些基本概念。所以，本书所研究的不论是哪种形式的社区图书馆都属于美国公共图书馆范畴之内。

---

[1] Public Library Association. *Standards Committee Minimums Standards for Public Library Systems*[M].Chicago，American Library Association，1967：16.

[2] Definitions of Public Libraries in the United States Survey. [EB/OL]. [2023-01-07].http：//www.imls.gov/research/public_libraries_in_the_united_states_survey.aspx.

根据科学研究中的"概念嫁接和移植"——美国社区图书馆对应的研究对象与《美国公共图书馆体系最低标准，1966》中社区图书馆的定义对应，即包括美国公共图书馆中的图书馆分馆、城镇图书馆、农村图书馆、流动图书馆等规模较小的各种形式的但具有公共图书馆性质的图书馆。所有的社区图书馆都具备这样几个特征：服务区域较小（市民可以在较短的时间到达）；馆藏较少，图书馆工作人员也较少（但至少具备一名图书馆专业人员）；由财政税收支持，有图书馆管理委员会，对所有人开放，读者来去自由，州立法认可，服务不收取费用，等等。根据美国图书馆协会（ALA）2021年公布的2019年财年统计，美国公共图书馆按行政单位计算共有9057所；如按中心馆和分馆的分布模式计算，则有中心馆8884所，分馆7723所，共计16607个图书馆。[1]美国基层公共图书馆服务体系包括城镇图书馆、农村图书馆、城镇和农村中的流动图书馆等，这些基层图书馆的服务形式无处不在，它们在保障社区居民信息获取，发挥图书馆的教育、休闲、娱乐功能等方面起到了重要作用。

综上，笔者强调，本书研究对象主要包括美国公共图书馆系统中州以下规模中等及较小的公共图书馆，我们把这些图书馆统称为美国社区图书馆或基层图书馆，笔者对其进一步界定的研究范围主要包括：美国城镇图书馆、乡村图书馆等处于底层的主要靠公民税收支持的社区图书馆，简言之即本书研究对象是"美国城镇与乡村社区图书馆"（简称社区图书馆）或"美国城镇与乡村基层图书馆"（简称基层图书馆），不包括大城市的图书馆服务体系、学校系统的社区图书馆、科研系统的社区图书馆以及纯粹私人资金支持的社区图书馆等。

---

[1] Number of Libraries in the United States [EB/OL]. [2022-9-16].https：//libguides.ala.org/c.php?g=751692&p=9132142.

第1章 引言

1.3 研究意义与研究方法

就理论意义而言，关于美国公共图书馆以及城镇和乡村社区图书馆的研究资料，根据笔者接触到的外文研究资料主要见诸各州、县的发展报告、调研报告，关于此方面正式的研究论文及著述在美国有若干；虽有关于美国中小型公共图书馆管理与服务方面的书籍，但数量也不是很多，在内容上对美国城镇与乡村社区图书馆管理与服务的阐述角度也十分有限，主要是按照美国传统的研究方式来论述。对于美国以外学者的关于此主题的研究成果虽然有一定的参考价值，但需要翻译、整理后才能了解。

2000年以来，中国关于美国社区图书馆或基层图书馆的研究逐渐增多，但主要内容局限于大城市图书馆分馆的经验性的描述研究，对于美国城镇与乡村社区图书馆发展的详细情况、美国基层社区图书馆管理与服务等资料研究深度不够。因此，本书力图从这些中外零碎的调研报告和论文中，充分挖掘史料、梳理资料，从而找出与本书相关的理论观点，在此基础之上深入进行美国社区图书馆的实证研究，以期对中国基层图书馆的发展有所启示。对于广义上的美国社区图书馆的研究，在国内并不是很多，此项工作存在一些研究难点，本书在克服难点的同时力求有所创新。

就实践意义而言，学习国外的经验和理论是为了更好地促进国内实践的发展。目前我国公共图书馆服务体系发展处于良好的发展态势，2018年国家制定了《中华人民共和国公共图书馆法》，从国家层面促进公共图书馆事业发展，发挥公共图书馆功能，保障公民基本文化权益，提高公民科学文化素质和社会文明程度，传承人类文明，坚定文化自信。2021年3月，《中华人民共和国国民经济和社会发展第十四个五年规划和2035年远景目标纲要》[1]站在推进社会主义文化强国建设的高度，着眼满足人民日益增长的精神文化生活需要，明确提出"提升公共文化服务水平"，并做出一系列重大部署。近年以来，国家正在创新公共文化服务机制，积极创建国家公共文化服务体系示范区；同时，政府机关和地方政府进一步强化了政府主导责任，努力突破体制障碍，加大跨部门、跨领域、跨系统文化项目的交流与合作，争取努力实现基层公共文化资源的综合利用与共建共享。同时，也在完善公共文化设施网络，统筹规划，合理布局，以城乡基层文化设施建设为重点，以流动文化设施和数字文化阵地建设为补充，加强公共文化设施建设，努力形成比较完备的国家、省、市、县（区）、乡镇（街道）、村（社区）六级公共文化设施网络。2015年我国已经初步建立覆盖城乡、结构合理、功能健全、实用高效的公共文化服务体系，更加完善我国公共文化设施网络，进一步健全服务运行机制，努力提高服务效能，更好保障人民群众基本文化权益。[2]党的十八大以来，文化和旅游部认真贯彻党中央、国务院决策部署，加快构建覆盖城乡、便捷高效、保基本、促公平的现代公共文化服务体系，努力让人民享有更加充实、更为丰富、更高质量的精神文化生活。[3]基层图书馆的建设在逐步推进，然而由于我国地域广大，各个区域经济文化发展程度不一，在基层图书馆建设中，必然也会遇到很多困难。基层图书馆的有效发展需要借鉴国内外更多更好的经验，而美国社区图书馆的发展经验在一定程度上可以为我国基层图书馆的发展提供助力和参考。

本书采用如下研究方法：

---

[1] 中华人民共和国国民经济和社会发展第十四个五年规划和2035年远景目标纲要[EB/OL].[2023-01-07].http：//www.gov.cn/xinwen/2021-03/13/content_5592681.htm.

[2] 到2015年公共文化服务体系初步建立[EB/OL].[2013-1-22].http：//news.enorth.com.cn/system/2013/01/22/010551210.

[3] 无障碍、零门槛！文化和旅游部加快构建现代公共文化服务体系[EB/OL]. [2022-9-12]. https：//m.gmw.cn/baijia/2021-08/27/35118922.html.

第1章 引言

第一，文献调查法

通过伊利诺伊大学香槟分校图书馆丰富的馆藏文献资源，调研美国城镇与乡村基层图书馆发展的情况，取得丰富的资料。对于部分最新资料，采取网络文献网站调研以及综合文献调研方法，在此基础上取得详细而全面的资料。

第二，实地调研法（田野调查法）

由于笔者曾旅美一年，便于实地调研。对伊利诺伊州若干城镇社区图书馆和农村社区图书馆进行实地调研；此外对美国其他州公共图书馆也进行了参观和调研，身临其境感受美国公共图书馆发展，并取得美国社区图书馆发展及其使用状况的原始数据，收获美国基层图书馆发展的先进理念。

第三，访谈法

对美国若干城镇图书馆馆长进行面对面访谈。通过采访，更为细致地了解美国社区图书馆发展前景及目前存在问题等。

第四，问卷调查法

通过对若干城镇图书馆的社区居民进行问卷调查，了解美国社区居民对社区图书馆的需求状况及利用情况。

第五，典型案例分析法

对美国伊利诺伊若干城镇社区图书馆进行细致分析，当作美国社区图书馆发展的典型案例来解析；此外，在论文中也对其他有代表性的若干社区图书馆进行了典型案例分析。

第六，对比分析法

通过对美国城镇与乡村基层图书馆管理和服务的研究，结合中国国情及中国基层图书馆发展实践，对中美基层图书馆发展路径等方面进行对比分析。还通过各种方法综合运用完善资料，充实研究内容，最终使研究成果得以完善。

第2章 美国城镇与乡村基层图书馆发展的理论基础

2.1 空间及其空间生产理论

2.1.1 空间概念的发展

空间,在其显在的条件下,人们更多地将其视为是一个物理学的概念。自牛顿、伽利略开始,空间就与经典物理学密不可分。爱因斯坦提出划时代的相对时空观,引发人类时空观的变革,把人类引向新的科学纪元。海德格尔最早提出了"存在是空间性的"这一论点,他说:"不能把人和空间割裂开来。空间既不是外部对象,也不是内部体验。人与空间是不能分开考虑的……"海德格尔还指出:"每逢一个世界,都发现属于它的空间的空间性",一切行为都意味着"在某个场所"。空间因此被赋予了"存在空间"的属性,即它是人与环境相互作用、为满足生活而发达的图式。从这一方面可以看出,存在空间把人类归属于整个社会文化,认识空间意味着人对于空间可进行思考。[1] 到了近代，随着作为建筑学的空间或者城市规划学空间性质的发展，空间概念开始慢慢向精神空间、艺术空间等延展。

空间哲学关照几乎与哲学诞生于同一时间，但空间又不仅仅是一个哲学概念。对于空间的讨论，一些哲学家有着他们的独到见解。亚里士多德（前384—前323）所谓的空间，就是一切场所的总和，是具有方向和质的特性的力动的场（field）。卢克莱泰（Lucretius，前94—前55年，古罗马诗人、哲学家）说："整个自然基于两种东西，即物体与物体所占场所（空间），它又是可以移动的虚空。"20世纪以来，心理学家开始研究起"人的空间"问题，把人体验环境这一点作为问题提出来，它和空间知觉是一个复合过程。

对于空间理论有重大发展的是法国社会学家亨利·列斐伏尔（Henri Lefebvre,1901—1991），列斐伏尔把空间分为三个层次，即物理空间、社会空间和精神空间。在社会空间中他特别指出，空间是政治性的。列斐伏尔认为，作为历史的产物，在物资规划、财政规划和时空规划中，空间是一个集中的场所。同时，空间应该被当成一个总体来考虑，我们应该在它的复杂性中接近它，并在这种复杂性中展开对它的批判。列斐伏尔期望展示出一种物理空间、精神空间和社会空间之间的理论统一性。每一个社会都会生产出它自己的空间。每一个空间的生产都是当时社会关系的再现，建筑师作为空间的生产者在一个特定的空间内进行操作，并受到当时社会意识形态的影响。[2]

总体上来看，列斐伏尔对空间范畴做了多方面的考察和拓展。首先，空间作为物质的存在形式，是能够被感知的客观质料和能量，不仅能够被测量，而且能够被改造和利用。并且，空间与时间紧密相关，都是物质的存在形态。其次，空间作为客观存在，既与物质运动紧密相连，又是有限

---

[1] [挪威]诺伯格·舒尔兹. 存在·空间·建筑[M]. 尹培桐译，北京：中国建筑工业出版社，1979：16、51.

[2] [法]亨利·列斐伏尔. 空间与政治[M]. 李春译，上海：上海人民出版社，2015：8—9.

性和无限性的结合（有限物理空间和无限精神空间或虚拟空间的结合）。列斐伏尔认为，空间与运动的紧密关系是每个人都能切实感知到的。最后，空间展示出多种样态。空间能够呈现为多种样态，既能表现为物理、信息、能量等物质性空间，又能表现为精神、文化、艺术、知识等社会空间。[1]

公共图书馆空间作为一个"社会空间""存在空间"而存在，具有"建筑空间"和"物理空间"等空间概念的性质和特点，同时，结合公共空间的发展及其自身空间演变特点有其独特的建设历程。结合西方学术界的"公民社会"概念的演变过程，美国公共图书馆空间进程发生了很大的变化。总体来看，美国公共图书馆的公共空间有四个显著特点：（1）非政府性，即最初的图书馆空间是以民间的形式出现的，它不代表政府或国家的立场，而是相对独立于系统。但这并不意味着它完全与政府没有关系甚至与政府相对抗，恰恰相反，它并不排除国家的进入或干预，而需要国家为它的活动提供一种秩序，同时也需要国家对它的不足进行救济。（2）非营利性，即图书馆不把获取利润当作自己的主要目的，而通常把谋取公共利益和提供公共服务当作其首要目标。（3）相对独立性，即它们拥有自己的组织机构和管理机制，有独立的经济来源，无论在运行上、管理上，还是在财政上，它们都在相当程度上独立于政府。（4）自愿性，即参加图书馆组织的成员都不是被强迫的，而完全是出于自愿。美国公共图书馆机构的上述特征，使得它们明显地区别于政府机构和经济组织。

2.1.2 公民社会中的公共空间

公民社会的特征之一是拥有一定的公共空间，又称公共领域，即具有物质性或思想性的社会空间。[2] 公共领域的思想在美国受到了重视，在美

---

[1] 孙全胜.列斐伏尔"空间生产"理论形态研究[M].北京：中国社会科学出版社，2016：56—57.

[2] Tamara Sheppard.Putting the public in the public domain：The public library's role in the re-conceptualization of the public domain[J]. *New library world*，2009（6）：207-218.

国私人空间和私有权利受到严格保护的社会，公共图书馆这个公共领域的开辟为美国人的社会交流提供了自由的空间。公共图书馆作为一种公共产品，是一种非商品化的公共领域的结晶。广义的公共领域是指公共空间，它不仅仅只是个地理的概念，更重要的是进入空间的人们，以及展现在空间之上的广泛参与、交流与互动[1]。要做到这一点，市民必须把进入公有领域作为自己的基本权利，同时增加市民的公共领域的价值的认识。早在美国建国之前，公共图书馆作为公共空间的作用已发挥得淋漓尽致，1774年召开的第一次大陆会议就是在费城的公共图书馆召开的。现代公共图书馆的建立是满足了市民对于公共空间的需求，与此同时又促进均衡教育向公众进步的延续，增加了公共图书馆作为公共领域正效能的作用。自从公共图书馆这个公共领域诞生以来，在美国的社会发展中形成了这样一种规定：所有进入公共图书馆这个公共空间的人都不应因自身的背景以及身份受到歧视。这是公共空间的最基本特征，也是公共空间的总体性特征，它最充分、全面地反映了公共空间的社会本质与社会功能，也最有效地体现了公共空间的价值及其意义。

2.2 社区发展理论

2.2.1 社区发展相关理论

在前文中我们已经对社区及其相关概念做了阐述，我们了解到社区是社会学家使用最多的词，社区这个概念源于德国社会学家滕尼斯的贡献。滕尼斯在社会学名著 *Community and Society*（《社区与社会》）一书中开启了社区研究的新起点。1933年，费孝通指出：社会是人际关系的综合，每

---

[1] 公共空间 .[2022-12-23].http : //baike.baidu.com/view/3821706.htm.

一个社区都是一个社会，而社会却不是社区，"（社区）这个词实际是指在一个地方共同生活的人……是指一群聚集在一个地方分工合作的人，它是具体的，这群人之间的关系，即人际关系，构成社会"。在国际图书馆协会联合会《公共图书馆指南（2000年）》和其他有关公共图书馆的文献中，社区的概念指的是图书馆所辖区及其居民。其含义来自"社区"一词的语义，"社区是一个特定的区域内或地方及其居民"[1]。

对于美国社会来说，在过去的几年里，社区作为一个发展的概念和方法，具有广泛的包容性，市政府、警察部队、医疗协会和社会活动家等不同的战略组织共同组成美国社区的一部分，另外也有团体和个人积极参与到社区活动中来。关于社区的发展，弗兰克（Frank）和安妮·史密斯（Anne Smith）在HRSDC社区发展手册中定义道：社区发展是一种进程，使社区成员走到一起，采取集体行动，并产生解决问题的共同的办法。联合国前秘书长达格·哈马舍尔德（Dag Hammarskjold）在1955年曾提道：社区发展可以初步定义为一个过程（整个社会）的积极参与和社区的主观能动性的充分依赖，从而为整个社会的经济和社会进步创造条件[2]。人们逐渐就社区发展的技术和社区发展理念的基本原则达成共识，主要包括：社区发展是基于连接、咨询，并与所有的社区成员合作，以建立和加强未来社区发展和建设。随着"社区"概念的发展及社区服务的深化，进而有了"信息社区（information community, IC）"（社群信息学背景下的社区发展）的概念。

"信息社区"的概念由美国密歇根大学信息学院琼·达伦斯（Joan Darrence）教授于2001年在"图书馆员在信息社区形成过程中的重要角色"一文中正式提出。达伦斯教授指出，信息社区主要是因应人们获取和利用

---

[1] 社区（community）.*The new oxford dictionary of English*[M]. 上海：上海外语教育出版社，2001：371.

[2] Community Development Community Development in a Library Context [J/OL].[2012–03].http：//www.librariesincommunities.ca/?page_id=3Community Development Community Development in a Library Context.

信息的需求而产生的。它是因为具有不断获取一系列动态、相互联系、种类多样的信息资源的共同愿望而相互联系起来的特定人群。在这种类型的社区中，个人和组织有意识地建立合作关系，以建立和培育一种具有共同兴趣或爱好的社区，主要是为了提供、交换和获取信息或知识，或促进相互之间的沟通，从而丰富个人和组织的知识[1]。

2.2.2 美国社区发展进程

19世纪，美国诸多城市在工业化的带动下迅速发展，许多城市突破了原有的市区范围，在近郊区形成了许多以居住为主的社区。最初这些居住小区紧邻市区。与城市中心区保持在步行范围之内，可以看作是城市的向外扩张。之后随着城市规模的不断扩大，像纽约、波士顿、费城这些大城市周边的居住小区与中心区之间的时空距离越来越远，以至于不得不通过航运、铁路或电车来作为居民的通勤工具。这些最初形成的居住小区仅承担单纯的居住功能，在当时满足了那些在市区工作、购物和娱乐的人们对住宅的需求，但还不能称为一个功能完善、配套设施齐全的居住社区。20世纪以后，郊区发展的新社区和原先的农村社区的建设日趋完善，尤其是20世纪30年代后汽车工业发展以后，使得郊区社区与市区之间的时空距离逐渐缩短，人们的通勤方式更加便捷，同时也促进了各种类型社区的迅速发展。[2] 其后，以实用主义为原则的社区规划促进了社区功能的完整化发展，如教堂、学校、图书馆的建立，给社区发展带来了蓬勃发展的生机和活力。另外，在一些历史比较悠久的村庄内，一些诸如图书馆的公共机构从当地政府建立伊始就已经成为社区的心脏。社区建设中，公共图书馆逐渐成为美国社区的必备要素之一。美国人民热爱读书，也喜欢把当地社

---

[1] Community Development Community Development in a Library Context [J/OL].[2012-03]http://www.librariesincommunities.ca/?page_id=3Community Development Community Development in a Library Context.

[2] 徐昊，罗燕. 解读美国社区发展及规划演变[J]. 城市规划学刊，2009（7）：52—56.

区内的公共图书馆作为除了工作、家庭的第三生活空间。

图书馆在美国社会中一再被定位为社区的心脏，沿袭美国一贯的传统并继续不断发展。美国社区图书馆的建立主要采用自下而上的方式。这主要基于美国社区典型的特征：灵活性与自主性。美国"社区领导者"不是上级官方指派和可控的（少数特例除外），因此灵活性比较大，这样也可以根据自己社区的目标进行重点操作。美国的行政决策来自下面的意见而不是直接来自行政决策本身。来自下层的意见能够更好地促进整个社区向前发展。社区服务完全从社区居民的需求来考量，让社区的最佳利益和机会领先其他有影响力的结果。在社区内，每个人都充分享有自由的话语权，对社区发展给予重视，充分参与社区活动，投票决定社区发展的事务，充分发挥社区共享、传递的力量，不断扩大集体智慧、经验、活动和知识。正是在这种背景下，社区图书馆得到了良好的发展。

2.2.3 美国社区与社区图书馆

公共图书馆是美国社区的重要组成部分，强调为个人服务的同时也注重为社区整体服务。公共图书馆的历史发展表明社区公共图书馆能够成为服务社区和个人之间的桥梁。尤其是自从 19 世纪以来，美国越来越注重强调个人的发展。公共图书馆的思想演变是在个人主义和社群主义相互合作之间成长起来的。公共图书馆从一开始就被认为是社区的重要机构，它的起源可以追溯到 18 世纪的"社会图书馆"，那时人们的社会和经济关系被农村、宗教机构和家庭充斥着。19 世纪以来，社会经济和科技的快速发展，催生了新的税收支持的公共图书馆的产生。公共图书馆一开始作为大城市的社会文化运动的产物，在为社会提供公共服务方面发挥着重要作用。随着美国工业化和城市化进程加速，越来越多的农村开始城市化，城市中社区发展也在加速，并且这些社区成为有特色的社区。农村社区逐渐向城镇化方向发展，同时也效仿着城市的结构——图书馆、学校等公共设施一应俱全。尤其是公共图书馆越来越作为社区发展中重要的要素之一。随着

第2章　美国城镇与乡村基层图书馆发展的理论基础

社会科学的发展，社区研究开始成为公共图书馆规划发展的重要工具。[1]

长期以来，美国人民对当地社区的公共图书馆的使用进行了探讨，尤其公共图书馆服务存在的必要性在于——是公众对其价值的广泛认可。在美国，对于广大居民来说，办理图书证件到图书馆阅读学习和开展活动项目，就像洗澡和走路一样理所当然。[2] 除了图书馆的教育与学习功能，人们更侧重于图书馆作为社区的社会活动场所以及如何发挥图书馆作为会议场所等公共空间的职能。因为美国社会社区文化、种族等的特殊性，需要满足一个复杂的多元文化的外部环境社会，图书馆应该提供多方面的功能效用，以便成为供人们自由使用的地方。另外，从社会理论研究的概念出发，公共图书馆作为社区重要文化信息机构，它的使用应该是非常多样的，把图书馆比喻为"一个复杂的舞台"，一点不为过。图书馆作为一个公共领域，而非私人领域，应该具有很大的包容性，为不同用户提供多方面的服务。[3]

在传统的社区发展模式中，社区的领导者与社区居民一起努力来实现社区的既定目标，这些目标可以是任何游说当地政客，在社区提供更多的公共洗手间，动员社区成员参加或组织一个社区花园或艺术项目。对于公共图书馆项目的支持也司空见惯，例如，通过游说或者投票增加当地社区公共图书馆的资金投入，开展更多的图书馆服务项目。在图书馆中，图书馆的管理人员（如图书馆委员会）也是社区内的成员，他们充分了解社区民众的需求，以便为民众建立一个满意的图书馆。社区图书馆的发展不只是图书馆工作人员的努力，当地社区成员也以主人翁的精神一起参与和努

---

[1] William F. Birdsall. Community, individualism, and the American public Library[J]. *Library Journal*, 1985(12): 21-24.

[2] Henry A. Sharp, with an introduction by Joseph L. Wheeler. *Libraries and librarianship in America; a British commentary and comparison*[M]. London: Grafton & Co., 1936: 50.

[3] Aab S, Audunson R. Use of library space and the library as place[J]. *Library & Information Science Research*, 2012, 34 (2): 138-149.

力，以了解该图书馆、帮助图书馆的发展，共同达到既定的目标。进一步来讲，社区发展背景下，图书馆建设应注重建立各种人际关系，使图书馆不仅仅是一个简单的信息咨询和文化服务机构，而且具有更广泛的意义并与当地社区进行包容性的合作。这种牢固的合作关系和伙伴关系，确保图书馆在从事复杂项目的过程中，能够倾听社会的声音和促进社区的需要；图书馆背景下的社区发展需要，也强调从社区学习和适应社区的方案、服务和政策出发，以满足社区的需要。一个传统的社区发展模式和以图书馆为基础的社区发展模式之间的差异是图书馆要与社区共同发展，并希望促进两者之间的合作，更好促进社区的整体发展。[1]

2.3 其他相关理论

其一，社群主义（communitarianism）理论观点。不同于社区发展理论，社群主义是 20 世纪 80 年代后产生的当代最有影响的西方政治思潮之一。社群主义思想家受黑格尔、亚里士多德和经院哲学家的影响，在政治和制度方面提出了广泛的批评和建议。他们反对新自由主义把自我和个人当作理解和分析社会政治现象和政治制度的基本变量，认为个人及其自我最终是他或他所在的社群决定的。因此，社群才是政治分析的基本变量，而个人及其自我最终由他或他所在的社群决定。[2] 社群主义理论的发展，主要适用于个人发展过程中对于公共文化的强烈需求，因而建立诸如图书馆等文化机构是当地政府必须要履行的职责，从而享受教育等文化权益也是民众的义务。俞可平在《社群主义》这本书中针对西方社群主义的发展做出

---

[1] Community Development in a Library Context[EB/OL].[2012-3-20].http：//www.librariesincommunities.ca/?page_id=3.

[2] 社群主义 [EB/OL].[2022-11-20].http：//baike.baidu.com/view/79619.htm.

第 2 章　美国城镇与乡村基层图书馆发展的理论基础

梳理，阐述到社群主义者认为，每个人都应当努力追求美德，在追求美德的过程中实现一种善良的生活，而真正的善是一种公共的善。只有达到了公共的善，个人利益之中就会包含公共利益。而物化形式的公共利益又分为两类：一类是产品形式的公共利益，如各种社会福利等；另一类是非产品形式的公共利益，如干净的街道、企业中的一些民主管理规则等。[1] 而涉及公众利益的社区图书馆，正是基于民众普遍福利的需要而设立的。

其二，社会条件论（social conditions theory）与社会控制论（social control theory）。杰西·席拉（Jesse Shera）认为公共图书馆是社会的产物，顺应社区的变化而变化。社区图书馆在促进地方经济发展、促进历史研究和保存地方文献方面有着重要的贡献，有着无比的地方自豪感。同时，社区图书馆作为普及公共教育的重要机构，对地方来说也应扮演着重要的角色。一些社会学理论家还认为：社区公共图书馆是一个能够促使社会安定的机构，并且不论"贫困"和"劣势"，能够促进社区居民参与机会平等。尤其是早期的公共图书馆，在当时缺少文化教育资本、接受教育的机会不平等，以及贫民在社会生活中没有权势等情况下，使更多的人能够平等使用图书馆资源和享受图书馆服务的机会，因此，公共图书馆为大多数人敞开了学习的大门，为所有人提供追求知识的自由，并提供终身学习的资源。同时，对于现代社会来说，社区图书馆作为社区和信息中心满足了社区居民的需求，并提高个人及社区的生活质量、丰富社区成员的生活（文化活动、音乐会、艺术展览等）。公共图书馆鼓励社区成员使用图书馆资源，提高各种个人需要追求更好的生活的知识和技能。社会条件论的发展比较复杂，整体上来看，图书馆的建立是调剂美国社会的融合剂，它使得工业化和信息化社会过程中的美国人更具有教化和教养，有利于整个文明社会的向前发展。[2]

---

[1] 俞可平. 社群主义 [M]. 北京：中国社会科学出版社，1998.

[2] 韩晓芳. 美国公共图书馆服务 [EB/OL]. [2022-06-07]. http://www.docin.com/p-284367654.html.

第 3 章 美国城镇与乡村基层图书馆发展的历史背景

3.1 美国公共图书馆发展简史

3.1.1 美国公共图书馆的起源与发展（19世纪以前）

1803年，卡莱布·宾厄姆（Caleb Bingham）向康涅狄格州索尔兹伯里镇（Salisbury）捐赠150种图书后，当地建立了一座地方性"免费图书馆"。1810年，当地政府从市财政部提取了100美元用于支持该图书馆服务事项，这座"免费图书馆"得以发展起来[1]。严格意义上来说，康涅狄格州的这座免费图书馆是社会图书馆（society library），可以称为公共图书馆发展的雏形。接着，在新罕布什尔州的彼得伯勒（Peterborough）建立了一个基金资助，该资金最初用于建立达特茅斯州立学院的希望未果，然后分配给了下属的城镇用于建立免费学校和支持其他教育项目，该城镇免费图书馆由此建立起

---

[1] Nelson Associates, inc.*Public library systems in the united states——A survey of multijurisdictional systems*[M].Chicago, American Library Association, 1969：11.

第 3 章　美国城镇与乡村基层图书馆发展的历史背景

来。这个图书馆属于学区图书馆（School-district library）[1]。由上述两个例子看出，最早创建公共图书馆的社区领导人首先将其视为教育机构，其功能上发挥着补充新成立的公立小学等机构教育教化的作用。在当时一个新的、工业化迅速发展的美国市场经济中，教育被视为人民的必需品和取得事业成功的关键因素。公共图书馆为人们掌握阅读技能和继续教育提供智力资源。此外，早期的公共图书馆还发挥着其他用途：在美国这个由移民组成的新国家，公共图书馆将成为文明的推动者和人们自豪感的对象。公共图书馆将保存和传播西欧的文化和知识（避免美国人去欧洲查阅书籍），并通过收集美国当代和历史记录和出版物，为子孙后代创建一个"美国档案馆"。

1835 年，纽约州议会通过了一项法律，允许在该州的学区设立由税收支持的图书馆，这是免费公共图书馆服务的一次实质性发展。同时，开启实行为建立图书馆而可以征收税款的法律法规，但并没有提供详细的资金支持比例。1838 年纽约州开始在对等的基础上分配联邦资金，纽约州图书馆系统开始发展。彼时的学校图书馆、当地社区图书馆是为所有公众提供免费服务的。

1850 年和 1876 年，其他 19 个州效仿纽约州。然而与此同时，大部分学区图书馆开始走向衰落。它们衰落的原因主要是：它们虽然是由州规划师创建的，但没有遵循当地的文化模式；学校图书馆服务地区太小，且服务人口有限；它们的基地不足，学校受托人监督不力，图书管理员管理不善等因素。[2]

1849 年新罕布什尔州颁布了第一部关于市政图书馆的州立法，允许城镇为支持图书馆的发展而征税。1850 年之后的几年，公共图书馆的发展在

---

[1] Nelson Associates, inc.*Public library systems in the united states——A survey of multijurisdictional systems*[M].Chicago, American Library Association, 1969：11.

[2] Nelson Associates, inc.*Public library systems in the united states——A survey of multijurisdictional systems*[M].Chicago, American Library Association, 1969：12.

新英格兰地区最为显著，尤其是在马萨诸塞州。马萨诸塞州议会通过了公共图书馆特别法，赋予波士顿设置图书馆的权限，1852年市议会正式拨款建立公共图书馆。1852年，波士顿建立了真正意义上税收支持的免费公共图书馆，这是公共图书馆发展史上的里程碑。缅因州于1854年、佛蒙特州于1865年、罗德岛州和康涅狄格州于1867年颁布了更为具体的税收支持的法律。这为美国其他地区制定州立法模式提供了很好的榜样。[1]

此外，19世纪后半叶，随着美国国家教育系统的发展大大扩大了其活动，以扩大人民继续教育的机会。此时"图书馆委员会（library commission）"开始成立，以促进创建公共图书馆。新英格兰州政府再次带头，赋予这些委员会向公共图书馆拨款的权利，到1900年，很多州都成立了图书馆委员会。1900年以后，大规模印刷业的发展，强调图书馆作为知识代表为其在扩大教育机会方面的功能逐渐凸显。与此同时，随着国家委员会的推动，建立小型图书馆，并向边远地区开展"流动图书馆（travelling library）"服务成为一种常态和普遍发展的模式[2]。

从1850到1900年，美国新英格兰地区及中部各州公共图书馆建立和巩固处于最佳发展时期。美国图书馆研究者西德尼·赫伯特·迪齐翁（Sidney Herbert Ditzion，或Sidney Ditzion）于1947年撰写了《民主文化的武器：新英格兰地区[3]和美国中部各州公共图书馆运动的社会历史（1850-

---

[1] Nelson Associates, inc.*Public library systems in the united states——A survey of multijurisdictional systems*[M].Chicago, American Library Association, 1969：13.

[2] Nelson Associates, inc.*Public library systems in the united states——A survey of multijurisdictional systems*[M].Chicago, American Library Association, 1969：14.

[3] 新英格兰，当地华人常称之为"纽英仑"，是位于美国大陆东北角，濒临大西洋，毗邻加拿大的区域。新英格兰是美国东北部一个宗教团体Puritans在16世纪建立的英国的殖民地。新英格兰地区包括美国的六个州，由北至南分别为：缅因州、新罕布什尔州、佛蒙特州、罗德岛州、康涅狄格州和马萨诸塞州。马萨诸塞州首府波士顿是该地区的最大城市以及经济与文化中心。1614年，英国的约翰·史密斯船长探索了这一地区的海岸，并且将这里命名为"新英格兰"。

第 3 章　美国城镇与乡村基层图书馆发展的历史背景

1900 年)》——原书名为 *Arsenals of a Democratic Culture: A Social History of the American Public Library Movement in New England and the Middle States from 1850 to 1900*。加之我们了解的关于美国公共图书馆发展的其他文献，可知 19 世纪后半期是美国公共图书馆建立发展的关键时期[1]。19 世纪中叶到 20 世纪初在美国公共图书馆的发展中，随着工业革命的发展以及各种社会历史条件的支持，美国公共图书馆体系最终确立并繁荣发展起来。新英格兰地区是美国公共图书馆事业发展较早的地区，带动了美国中部及西部地区图书馆事业的发展。[2] 总之，美国公共图书馆发展早期历程是和当时美国社会紧密联系的，是美国社会发展的产物，并深深地根植于美国社会的信念中——图书馆是美国文化制度的体现。

3.1.2 美国县及县以下公共图书馆的发展（1900—1956 年）

19 世纪末 20 世纪初，美国各州已开始更积极地参与公共图书馆的发展，尤其是在 20 世纪 20 年代开始在美国新政期间（亦称"罗斯福新政"）和战后加速的全美图书馆服务均等化和升级运动中，各州的作用得到了加强。公共图书馆运动的倡导者们开始意识到要争取国家援助，并积极争取联邦基金支持，这些基金于 1956 年首次通过立法即美国《图书馆服务法案》得以实施。随后的国会立法主要通过州图书馆机构向公共图书馆提供了前所未有的联邦补助，并通过馆际合作鼓励更有效和高效的图书馆服务。

从 1900 年左右到 20 世纪中期，随着大城市图书馆的发展，鼓励和发展县图书馆（county library）逐渐被人们重视起来，美国公共图书馆发展开始注重向农村地区、郊区以及城市社区中没有覆盖图书馆服务的地区进行延伸服务，美国中部及西部地区开始真正建立起城镇与乡村图书馆服务

---

[1] Harris M H，Davis D G. *American library history：a bibliography*[M]. University of Texas Press，1978.

[2] Sidney Herbert Ditzion. *Arsenals of a Democratic Culture：A Social History of the American Public Library Movement in New England and the Middle States from 1850–1900*[M]. Chicago，1947：American Library Association.

体系。与服务于人口集中的美国东部城市图书馆有很大不同，县图书馆服务体系是优先在西部和中部发展起来的，初衷是服务人口稀少的广大地区，以争取最大的服务效益。人们认为只有通过这种方式，农村居民才能获得与城市地区平等的服务。加利福尼亚州县图书馆领导人詹姆斯·吉利斯（James Gillis）认为，服务于每个人是县图书馆运动的口号，并意识到小型图书馆和流动图书馆提供的服务并不太令人满意。因此他提出了促进县图书馆服务的模式，最初的开展方式是希望通过与县以下的大城市图书馆签订合同，形成初步的区域联盟，并根据1911年法律组织的图书馆体系逐步开展相应图书馆服务。从1911年到1916年，加州58个县中有37个县建立了县图书馆体系。加州拥有的2441个图书馆分馆机构为该州50万人提供了四分之三的图书馆服务。随着图书馆分馆的普及，加州流动图书馆已经几乎停止了。在业务开展方面，县图书馆所辖的总分馆被鼓励使用美国国会图书馆创建的联合目录，以共享州图书馆的信息资源。[1]

加州县图书馆服务体系的成功案例得到了重视。与此同时，这个时期美国各州相关图书馆法律的建立、民众文化意识的觉醒等社会因素共同推动，促使美国历史上城镇和乡村图书馆快速建立和发展。到1900年，俄亥俄州有两个县图书馆，马里兰州只有一个；威斯康星州、俄勒冈州和明尼苏达州紧随其后开始发展县图书馆。县图书馆发展的有利前提条件包括县域面积较大和人口数量较多，以及不断增长的物质财富基础。1920年，俄亥俄州跟随加州建立县图书馆，县图书馆体系的数量迅速增长起来。在美国南方，县是最重要的政治行政单位。南方当时几乎没有独立的城市，因此县图书馆发展迅速。南方县图书馆数量的增长从以下数字中显而易见：1935年，超过1000美元财政支持的县图书馆有225个，1944年有651个，

---

[1] Nelson Associates, inc.*Public library systems in the united states——A survey of multijurisdictional systems*[M].Chicago, American Library Association, 1969：18.

第3章 美国城镇与乡村基层图书馆发展的历史背景

1960年约有1000个。[1]

县图书馆是继市图书馆之后最常见的图书馆单位。历史上，县图书馆的基本目标一直是向所有居民（无论是农村还是城市）提供适当的图书馆服务。县图书馆几乎总是由一个统一的机构管理。在早期县级图书馆组织的规定下，大部分州是按照图书馆法律的规定——县图书馆的服务是从与城市图书馆的服务合作开始的。因此，正确制定和建立城市与县图书馆之间的合同，就能够建立一个令人满意的图书馆服务系统。因为城市图书馆建立比较早，拥有较多的资源和实践经验，比较完善。图书馆法规将会影响到县图书馆服务的持续开展，因此县图书馆服务的开展必须有清楚明确的法规依据。在经历了20世纪30年代的大萧条、预算缩减和使用扩张，以及第二次世界大战期间的中断之后，公共图书馆在战后美国的经济活动、人口、教育和郊区发展方面都取得了显著的总体增长。虽然我们很难找到当时确切的图书馆统计数据，但可以看到美国公共图书馆发展的总体趋势，即从1945年到1965年，美国公共图书馆的运营支出增加了五倍，其中大部分来自地方税收。用于公共图书馆建设的所有这些增长都远远高于通货膨胀率和成本上涨。

3.1.3 美国公共图书馆体系的快速发展（1957—1990年）

1956年的《图书馆服务法案》是第一部支持公共图书馆的主要联邦立法。该法案的主要目的是协助向农村地区人口提供服务。它选择州作为实现这一目标的主要机构，并要求州政府制订资金使用计划。根据各州的农村人口向各州提供拨款，并根据人均收入进行匹配。《图书馆服务法案》的资金以各种方式协助公共图书馆系统的开发，从调查各州的图书馆状况到运营示范项目，从建立国家运营的系统总部到鼓励和支持地方建立有效的系统。在此法案的支持下，巩固了县图书馆的发展，所有这些都是为了

---

[1] Nelson Associates, inc.*Public library systems in the united states——A survey of multijurisdictional systems*[M].Chicago, American Library Association, 1969：19.

帮助那些没有接受图书馆服务的人。

从美国公共图书馆的用户使用情况来看，公共图书馆的总体使用与用户的受教育年限呈正相关的关系，而受教育年限与社会经济阶层相关。美国人在"二战"后总体上比前几代人受教育程度更高，美国社会经济也更繁荣。从20世纪60年代开始，美国城市阶级和种族混合的变化对城市公共图书馆产生了决定性的影响。随着城市的发展，很多居民都搬到了不断扩大的郊区，公共图书馆和学校都在不断发展以适应社会形态和居民生活转变的这一变化。居民从城市到郊区的迁移和城市中心的衰落与人口转变交织在一起，这是美国一种新的"内部移民"。20世纪80年代，这种城市居民郊区化生活更加快速。与此同时，随着美国整个国家城市化进程加速，人们可以在不断增长的后工业服务、信息和高技术经济以及制造业中找到新的投资和新的就业机会。于是，许多城市公共图书馆将其计划重新定位到更广泛的郊区社区和农村社区，同时，另一项促进创建更大服务单元的变化正在发生，即公共图书馆合作系统开始发展。它不仅连接了城市中心图书馆，还有效连接了郊区图书馆和农村图书馆，从而影响了该州许多以前服务不足和未提供服务地区的图书馆发展。这一趋势主要影响中心城市以外的地区，使其形成了图书馆系统。以促进合作活动为目标，通过各种形式，包括越来越多地使用市政府作为基本服务单位以及大型图书馆和小型图书馆的合同合作制，同时允许每个图书馆保留其各自的结构，地方治理的图书馆系统开始蓬勃发展起来。这种类型的主要范例如纽约州的两个公共图书馆系统，该州62个县的700多个地方图书馆以及1965年根据立法授权在伊利诺伊州建立的18个合作图书馆系统，涵盖了该州550多个公共图书馆。[1] 尽管这些合作图书馆系统因州而异，但其管理模式类似：每个系统都支持一名负责协调服务的工作人员，为系统中所有图书馆的利

---

[1] Redmond Kathleen Molz and Phyllis Dain. *Civic space/cyberspace : The American public library in the information age* [M]. The MIT Press, Cambridge : Massacuusetts, 1999 : 25.

益服务，管理系统内每个图书馆运作的政策仍由该图书馆的董事会（图书馆委员会）制定，并由其图书馆员执行。为了保持其独立性，属于这些合作机构的图书馆通常被指定为成员图书馆，而不是分馆（分支机构）。

值得说明的是，公共图书馆系统的发展和变化发生在电子数据处理正在发展和应用的时候，促进了许多书目功能的计算机化系统化发展，包括编目、资源订购和流通等。1971年的一项研究《合作系统中的公共图书馆》（*Public Libraries in Cooperative Systems*）探讨了这些新的行政实体中图书馆自动化的趋势："近期的方向在于建立一个成员图书馆资源的集中书目馆藏，提供远程控制、查询和修改每个成员馆的手段。"

1967年，在威斯康星大学密尔瓦基校区召开的一次图书馆会议当中，公共图书馆领导人以诺·普拉特（Enoch Pratt）提道，如果在我们的国家内，图书馆不能向所有人提供延伸服务，我们就失去了图书馆发展所面临的最好的机会。如果我们失败，我们将遭到我们继任者的蔑视，我们会背叛公众的信任，缺乏在我们国家对于教育设备投入的基本信用[1]。20世纪后半期，美国公共图书馆以前所未有的发展速度通过图书馆系统的发展，向所有人提供更加深入的服务，也取得了相应的进展。

3.1.4 新技术环境下美国公共图书馆的发展（1990年至今）

1990年以来，电子技术和不断变化的生活方式正在侵蚀空间和时间的边界，并超越政府管辖权，拓展了传统图书馆的服务范围。尽管如此，传统的公共图书馆仍然很受欢迎，以社区为基础的物理交流空间，具有重要的社会价值。公共图书馆在日益分散和市场驱动的文化中加强了社会团结。创建公共图书馆的最初目的就是满足某些相同的社会需求，随着时代的发展这些需求仍然存在，但形式不同，环境也截然不同：公共图书馆既有变化，也保持不变。公共图书馆作为社会转型时期的中介机构而出现，然后

---

[1] Patrick William. *The American public library and the problem of purpose*[M].New York，Greenwood Press，1988：102.

适应了现代化世界的需要，现在又处于后现代、后工业时代的发展进程当中。

进入 20 世纪 90 年代，来自亚洲和拉丁美洲的新移民对当地社区图书馆提出了新的要求，而所有公共机构的预算都受到了政治和财政威胁。公共图书馆经历了一定的复苏，出现了强有力的新趋势。公共图书馆必须在社会中发挥作用。另外，迅速发展的计算机和电信技术以及强大的信息产业正在改变信息的形式，所谓的信息高速公路的国家公共政策是不确定的，并被互联网的发展等事件所超越，这也给公共图书馆的发展带来很多不确定性。数字信息革命似乎指向了麻省理工学院建筑与规划学院院长威廉·米切尔（William Mitchell）设想的"比特之城"中一个新的无墙的非物质图书馆。1995 年出版的一本印刷和数字形式的书中，他预测图书馆："不是用石头建造的，位于某一特定的一条街道上，而是由遍布世界各地的数千个屏幕上的像素组成……"

同时，当前美国公共图书馆的服务内容和服务范围也在持续扩大。图书馆为其社区提供了多样化的健康素养培训服务，促进社区居民健康发展并帮助社区成员接受到重要的健康服务，这也是美国公共图书馆发展的一个趋势。据调查，超过 70% 的美国人认为图书馆可以帮助社区居民寻求健康信息；超过 80% 的人利用图书馆电脑在线寻找饮食、营养和健身信息等，并改变了他们之后的饮食和锻炼方式。公共图书馆馆藏提供有关健康生活方式的资料、满足医疗饮食需求的食谱、体育锻炼指导多媒体和自助心理健康资料。还有一些公共图书馆通过在图书馆大楼外提供步行、远足、骑自行车或跑步计划，进一步提供健康的生活方式服务。近 23% 的公共图书馆举办健身或瑜伽课程；数百家公共图书馆正在鼓励社区成员通过信息传播、教育和合作伙伴关系来确保医疗保险的覆盖范围。

此外，公共图书馆还通过技能发展和小企业支持为其社区成员创造经济机会。如今，美国近 90% 的公共图书馆提供数字素养培训计划，社区成员可以通过这些计划学习简历制作和求职经验，并获得有助于职业发展的新技能。在美国 16000 多个公共图书馆（含总分馆）中，近一半为小企业和企业家提供免费服务，从提供市场趋势数据库访问到举办商业辅导课程，甚至通过商业计划竞赛提供种子资金。公共图书馆一直以来是研究新想法或新市场、制订商业计划、获取新兴技术和了解知识产权的理想合作伙伴。

总体而言，由于图书馆使命的不断变化，社会经济环境中不断变化的力量以及在传播和保存记录方面出现的新技术，公共图书馆在矛盾中向前发展。在 19 世纪，图书馆的使命相对简单，即通过馆藏图书，图书馆旨在教育和滋养社区的知识和人民生活。简言之，公共图书馆就是一个致力于传播知识的机构。在 19 世纪中叶和末期建立税收支持的公共图书馆时，大多数美国人民没有进行学校教育，图书馆的使命在于与学校系统一起完成扫盲作用。新英格兰是公共图书馆运动的发源地，拥有全美最高的识字率，在那里公共图书馆被视为公立学校系统的"至高无上的荣耀"，通过获得书籍和阅读促进了许多人的自我教育。威廉·弗雷德里克·普尔（William Frederick Poole）是辛辛那提的早期图书馆员，也是芝加哥的创始公共图书馆员之一，他在 1876 年即美国图书馆协会成立 100 周年之际撰文指出："在我国成长起来的公共图书馆中，五分之四的图书拨款用于满足学者的需求。在规模较大的图书馆中，这一比例甚至更大。"可见，公共图书馆的使用和作用是不断在延伸和发展的。

3.2 美国城镇与乡村图书馆发展早期的社会背景

美国城镇与乡村基层图书馆的发展，依赖于当地文化、经济等社会背景。美国起源于移民社会，美国自身是一个没有童年、没有深厚历史背景的国家。18 世纪以来，来自欧洲尤其是英国殖民地的移民文化对美国有着根深蒂固的影响，并凸显在很多文化机构和文化模式方面。

3.2.1 政治发展背景

美国图书馆发展的社会历史条件与美国社会发展渊源息息相关，通过解读美国民主社会进程，可以发现美国文化机构——免费公共图书馆的产生渊源。美国公共图书馆发展历程和社会条件，都充满着美国人民要求平等权利的政治主张。19 世纪后半期发展的美国公共图书馆也是平民图书馆，公共图书馆的发起和组织是自下而上的方式建立起来的，也即美国公共图书馆制度的基本特征是民有、民享、民治（of the people, by the people and for the people）[1]。

公共图书馆对于社会变革一直是敏锐的，在 19 世纪后半期到 20 世纪初期，图书馆成为一个新的社会意识的中心之一。早期共和主义思想气氛，伴随着炽热的挣扎反抗和未来明亮的道路以及新的革命思想，是公共图书馆理念诞生的条件。"慢慢地，在这种深刻思想影响下，这个与世隔绝的机构开始渐渐地、不情愿地敲开大门。"[2] 不断增长的工业时代在发展，从农耕时代转向城市文明，以及欧洲的无数移民的涌入，渴望在美洲大陆这个新的世界寻找机会与开放的大门，和所有美国人一样，新大陆的人民有着美好的憧憬和向往，社会经济持续发展，公共图书馆得到一个安静、稳步推进的机会。

图书馆的变革和发展也来源于社会，并以自身的贡献不断在促进社会政治、经济、文化的发展。Ernestine Rose 在《公共图书馆在美国人的生活中》（*The public library in American life*）一书中提道："如果你愿意想象这样一幅场景，那时美国 19 世纪中后期一个典型的城市图书馆景象，当时的建筑是肮脏的，图书馆外墙壁涂鸦无处不在，没有几个人踏着泥泞的道路到

---

[1] 公共图书馆制度 [EB/OL].[2012-01-13]. http://reoldhuai.bokee.com/4459736.html.

[2] Ernestine Rose. *The public library in American life*[M]. Columbia University Press, 1954: 23.

第3章 美国城镇与乡村基层图书馆发展的历史背景

图书馆中来。图书馆里面一张桌子折射着昏暗的灯光,书库的门关闭着神圣的藏书,透过门缝可以看到向后延伸到黑暗的几排书架。图书馆门口在桌子后面坐着一个自制力很强的馆员,也许是戴着眼镜的小绅士,也许是一个梳着流行的花式发髻的老女佣。然而,随着社会的发展,这样的场景已经作古。"相反的是,今天每一个小型图书馆和许多中等大型的图书馆一样,不仅干净整洁、漂亮舒适,各种现代化的电子设备一应俱全,人们在图书馆内不仅可以开架阅读和选取任意的书籍,而且时刻感受到馆员的热情,足以让读者享受到家的感觉。然而,这显然是经济社会的发展带给了图书馆更大和更广阔的发展舞台[1]。

美国公民社会经历了殖民地时期、独立战争到内战,以及重建至今的三个发展阶段。社会先于政府而存在的经历、新英格兰的自治传统、慈善意识和志愿精神,是美国社会形成的人文环境;19世纪中后期工业化的推进及中产阶级的形成,为美国社会的形成提供了客观历史条件和社会基础;慈善及管理民间组织的相关立法,是美国社会存在并发挥作用的法律基础;一个相对独立于政府的、比较成熟的形态,是美国社会的主要特征。[2]

美国图书馆的发展离不开民众力量的支持。美国公共图书馆发展进程当中的人道主义精神、慈善力量的支持、知识精英的推动作用、图书馆委员会的成立都是人民意识的具体表现形式,所有支持公共图书馆发展的社会条件在这里都可以找到真正解释的溯源。

巴特勒(Pierce Butler)在其1933年的经典作品《图书馆学概论》中,即已提出美国图书馆的发展与社会环境以及民众文化意识有密切的关系。美国的政治环境和民众文化意识,产生了特殊的公共图书馆发展模式。这种成功的图书馆模式源于美国社会历史条件发展及其文化历史根源;源于

---

[1] Ernestine Rose. *The public library in American life*[M]. New York:Columbia University Press,1954:27-28.

[2] 赵梅. 美国公民社会的构建[M]. 北京:中国社会科学出版社,2010,5:序言.

美国强烈的基层民众意识，以此共同推动美国社区图书馆的发展。

3.2.2 文化发展背景

托克维尔在《论美国的民主》一书中提道，"美国是唯一可以使人看清它的社会的自然而顺利成长的国家"。当欧洲的各族人民在新大陆登岸时，他们的民族性的特点已经完全定型；他们的文明程度已经达到使他们可以研究自己的地步，托克维尔即认为美国的社会没有摇篮时期，它在建立时就已经是成年。并且，托克维尔认为在美国，任何一种见解、任何一种习惯、任何一项法律……任何一个事件，都不难从这个国家的起源当中找到解释，美国很多方面文化传统都来源于欧洲国家。[1]英国是最早在美国开辟殖民地的国家之一，它在美国开辟的殖民地位于美国东部的新英格兰地区，包括马萨诸塞州等六个州[2]，这也是早期英国文化在美传播和发展的重要地区。英国移民到美国最浅显的文化移植方式是：这些英国移民几代人都陆续将很多书籍和报刊杂志带到美国本土。较为深层次的交流方式是大西洋两岸的英国和美国领导者之间在文化、宗教、政治等方面的密切交流。更有穿梭于两国之间的航海者在无形中也充当着社会改革和思想传播的载体。此外，也有一些有意识的文化传播和引入，那就是工业文明中复杂的机械工业化和城市现代化的文明/文化方式的传入[3]。

不同的政治文化和社会背景孕育不同的文化。美国各种制度的建立与巩固，与其移民社会的民情是密不可分的。托克维尔在《论美国的民主》中告诉我们：有助于维护美国民主制度的主要原因是自然、法制和民情。同时他认为按照贡献对它们分级的话，自然环境不如法制，而法制不如民

---

[1] [法]托克维尔著.论美国的民主[M].朱尾声译，北京：中国社会科学出版社，2007：8.

[2] 新英格兰[EB/OL].[2022-9-18].https：//baike.baidu.com/item/%E6%96%B0%E8%8B%B1%E6%A0%BC%E5%85%B0/5978476?

[3] Sidney Herbert Ditzion. *Arsenals of a Democratic Culture：A Social History of the American Public Library Movement in New England and the Middle States from 1850-1900*[M]. Chicago，1947：American Library Association：1-2.

第3章 美国城镇与乡村基层图书馆发展的历史背景

情。由此可见,在托克维尔眼中,民情无疑是最为重要的因素。托克维尔强调他所指的民情不仅指通常所说的心理习惯方面的东西,而且包括人们拥有的各种见解和社会上流行的不同观点,以及人们的生活习惯所遵循的全部思想。它是一个民族的整个道德和精神面貌。而美国的政治文化更是源于并内含于这种民情之中。

首先,美国乡镇自治制度(以新英格兰乡镇自治制度为代表)与美国的政治文化有着密不可分的关系。在移民初期,地方自治已经深深地扎根于、迁徙到新英格兰人的习惯之中,而人民主权原则的学说也随着地方自治被带进美国社会的核心。在美国早期历史中,人民主权原则一开始就是大多数殖民地的基本原则。这一原则在美国东部地区的新英格兰地区逐渐开始并随后推广至全美。人们按照乡镇自治的原则行使自己的权利,凡涉及全体居民利益的事务,都在公众场所召开公民大会讨论决定。人民参与公务,自由投票决定赋税,为行政官员规定责任,作为陪审团参加审判等问题都未经讨论而在事实上确定下来。新英格兰乡镇的自治传统,促进了美国独立运动的发展,提高了人民积极参加公共事务的觉悟,并为后来联邦宪法肯定下来的中央和地方分权制度奠定了基础。

其次,教育、习惯等方面对美国文化的形成大有帮助。美国人有一种天然的对政治关注的习惯。他们差不多总是把公共生活的习惯带到私人生活,在私人生活中积累经验。而众所周知,美国人认为"真正的知识,主要来自经验",美国实用主义大师詹姆斯说,"在美国,经验本身就是美国人存在的一部分,而不仅仅是一种观念"。在美国的制度建立之初,政治文化的形成在精神层面上主要依靠的是宗教信仰,而在现实层面则主要依靠的是历史的实践和教育。正是在二者相互作用、相互补充的基础上,才形成了美国的政治文化,为文化制度的建立与巩固奠定了基础。

再次,移民社会的某些冲突与融合对美国政治文化价值观也有一定贡献。托克维尔谈到初期移民的社会条件、宗教和民情,对他们新国家的命运无疑产生了巨大的影响。但是，任何人都不能同过去完全脱离关系，不管他们是有心还是无意，都会在自己固有的观念和习惯中混有来自教育和祖国传统的观念和习惯。在美国，人们经常可以看到一些法律和习惯与周围的事物并不适应。例如，一些法律好像是根据一种与美国的立法主旨完全相反的精神制定出来的，一些政治文化又仿佛与美国社会民主平等的总体民情格格不入。深入考察，我们往往发现这些恰好与英国贵族制度或者原先国家固有的法律条文有着千丝万缕的联系。正如托克维尔所说美国的政治文化"覆有一层民主的外罩，透过这层外罩随时可以看到贵族制度的遗痕"[1]。

所以，美国社会的起源很大程度上决定了美国政治文化的形成，而美国政治文化又深刻影响了美国文化机构的建立和发展，此三者是密不可分的。总之，美国的政治文化为美国社会一系列公共图书馆事业的发展提供了根基。具体到图书馆发展方面，从第一块殖民地在美国建立的时候，为了自由阅读的需求，一些早期的殖民者创办了私人类型的图书馆。19世纪后半期以及20世纪之后都有一些靠捐赠或者交纳会费实行会员制的图书馆，这就是后来所谓的"社会图书馆"，也有一些与中小学合办的"学区图书馆"，使得美国早期就有着数量众多的具有本土特色的图书馆。

3.2.3 经济发展背景

文化传统可能与其他影响因素相结合，启动和培育城镇和乡村图书馆运动的思想，但经济因素是文化事业发展的决定性因素。任何社会文化方式和社会意识的发展都是基于一定的经济基础和条件，图书馆发展也概莫能外。19世纪中期，美国东部地区的新英格兰地区是经济比较发达的地区，也是公共图书馆运动肇始之地。波士顿周围的马萨诸塞州和新罕布什尔州首先开启了免费图书馆之门。但同时，在19世纪中期，除了美国东部的

---

[1] [法]托克维尔著. 论美国的民主[M]. 朱尾声译，北京：中国社会科学出版社，2007：8.

第 3 章　美国城镇与乡村基层图书馆发展的历史背景

新英格兰地区,以及有工厂和航运的城镇外,其他普通城镇的免费公共图书馆运动很少[1]。美国早期图书馆运动的实例证明,在工业和商业发达的地区,往往能够孕育成功的公共机构。[2] 随着19世纪后半期印刷产业的发展,造纸市场的扩大以及工艺的改善,加上新材料和电力等能源的发展,都对社会文化事业的发展提供了极其重要的条件。印刷术的发展,使得新英格兰地区一些私人和社会图书馆的形成成为可能;电力印刷带来的图书数量的变化,使得成千上万的美国社区开始建立公共图书馆馆藏。

总之,由于经济发展,印刷事业发达,产生了供应充裕的书籍;书籍数量的直接影响,虽然可能不是免费公共图书馆产生的重要历史原因,但它不得不被视为一个辅助的必要因素。印刷业广泛发展的巨大的价值,无疑体现在对美国民众阅读习惯的形成奠定了基础。大而言之,印刷时代的到来,是美国经济进步的产物,加之在科学技术创新条件下,复杂的思想刺激着美国传统的阅读习惯,并鼓励了日益增长的民族主义运动中的乡土文学。这一切证明经济发展条件下,印刷时代的到来对于加速19世纪中叶图书馆运动起到了积极的作用[3]。

---

[1] Sidney Herbert Ditzion. *Arsenals of a Democratic Culture : A Social History of the American Public Library Movement in New England and the Middle States from 1850–1900*[M]. Chicago,1947:American Library Association:4-5.

[2] Sidney Herbert Ditzion. *Arsenals of a Democratic Culture : A Social History of the American Public Library Movement in New England and the Middle States from 1850–1900*[M]. Chicago,1947:American Library Association:78.

[3] Sidney Herbert Ditzion. *Arsenals of a Democratic Culture : A Social History of the American Public Library Movement in New England and the Middle States from 1850–1900*[M]. Chicago,1947:American Library Association:79.

对于广义的经济发展背景而言，可以追溯到美国大革命时期[1]。美国大革命结束后，美国共和国年轻的生命正在扩大，各种贸易蓬勃发展起来，那个时期在近三十年的时间，在大西洋沿岸的人口以三倍的速度增长。"西部运动"这个伟大的美国发展运动也在19世纪拉开帷幕。与此同时，工业革命也开始发展起来，机器的增加体现在各个领域，如交通运输（轮船和铁路）、通信、电话等方面；也发生在农业和日常生活的所有领域。发明的精神冲进美国社会生活的多方面，导致机器生产很快就取代了手工劳动，更加彻底改变许多旧行业的发展和不断催生新的行业的出现。总之，随着经济的发展，新的社会和经济的意识形态进入了美国人民的生活。事实证明，已经开始席卷全球的社会和经济的革命在美国取得了飞速进步和发展，并发展到一个新的社会形态中。所有这一切都需要一股强大的经济力量的支持，导致免费教育的理念蓬勃发展和实现增长。

19世纪后半叶以来，美国整个国家的教师、律师、传教士等教育文化出现和逐渐兴盛。当时，几乎每个村庄都拥有一座教堂和一所学校，并在许多地方文化的传播和交流逐渐繁荣起来，出现有整日嘈杂忙碌的印刷机。随着日益增加的学校数量，杂志和报纸也冲进喧嚣的社会。美国国家早期和中期的发展时代，绝不是安静的，在那个平庸的年代中诞生着一些新思路、新机遇、新机构。那是一个革命思想与陈旧信念和机构挣扎与斗争的时代。

此外，20世纪以来，美国图书馆发展时期的社会特征最突出的特点表现在文化精神和帝国经济的竞争。该阶段美国同时处于工业革命变革完成和人们文化意识上升时期。一方面，工业处于一个迅速发展的时候——开

---

[1] 美国大革命是当时的英国北美地区居民推翻英国皇权统治，建立起人类历史上第一个现代自由民主国家的一场革命。美国大革命在1775年4月19日打响，共持续了8年，革命军大败英国皇军主力，1783年4月15日英王被迫承认了前英国北美13个地区的独立，随后北美13个地区联合建立美利坚合众国，简称美国，美国大革命取得了彻底的胜利，人类历史上第一个现代自由民主国家就此诞生了。

矿、铁路建造等工业社会形态急速地发展。另一方面，不同地理区域之间的多重文化的交织，以及免费学校等教育系统的不断完善[1]，最终，经济发展刺激并带动着文化事业的发展。

3.3 美国城镇与乡村基层图书馆发展的社会历史条件

19世纪中期到20世纪中期美国城镇与乡村基层图书馆发展的历史条件，包括免费公共图书馆起源、发展方向、支持基础，汇合成各种思想体系和意识形态。支持美国基层公共图书馆发展的动力和社会条件究竟有哪些？从根本上说，税收支持的公共图书馆不仅回答了政治制度前提下所固有的标准，同时也提供了一种不变量的工具，以此作为响应民众的要求。辅以其他特殊条件成就了美国19世纪中期到20世纪图书馆运动的发展。本书在关于图书馆史的文献和介绍中再现，专门用于美国早期图书馆运动文化背景的描述及社会条件的阐述，希望有利于今天基层社区图书馆在不断变化的环境中往新的向前方向发展。

3.3.1 法律保障机制

法律制度的建立是美国社会图书馆走向免费公共图书馆的有力保障措施，使得美国公共图书馆一百多年来得到持续的发展。19世纪美国新英格兰地区并没有采取统一颁布图书馆法律的行为，而是各州根据自己的发展情况颁布自己的图书馆法律。最初新英格兰地区各州图书馆立法过程充满着奇趣色彩。1849年新罕布什尔州立法机关从立法法案提起到获得州长批准仅仅用了9天，这在当时的立法程序和过程中是非常惊人的。而且新罕

---

[1] Sidney Herbert Ditzion. *Arsenals of a Democratic Culture：A Social History of the American Public Library Movement in New England and the Middle States from 1850-1900*[M]. Chicago，1947：American Library Association：19-21.

布什尔州以前也没有类似的图书馆立法作为基础和借鉴经验。新罕布什尔州法律规定了税收支持图书馆发展并免费向公众开放。但对于税收的规定没有限制具体的税率与税额。[1] 马萨诸塞州于1851年通过了图书馆法。但法律规定不像新罕布什尔州那么慷慨——不规定税率问题。该州法律规定第一年每个纳税人缴纳一美元的图书馆税收，以后每年是25美分的税收支持图书馆可持续发展。该法律还从地域上做出规定，要求每个城镇都应建立图书馆。缅因州和康涅狄格州效仿了马萨诸塞州的法规，也设定了税率。[2]

美国19世纪后半期到20世纪社区图书馆增长统计研究表明，有利的法律的颁布为图书馆的建立和数量的迅速扩张提供了非常有利的条件。从最早的新罕布什尔州1849年图书馆法的颁布，到1851年马萨诸塞州图书馆法的颁布，以及新英格兰地区其他州图书馆立法相继富有成效的颁布实施，都表明图书馆法的建立是一种趋势。然而，美国的立法颁布也不是完全一帆风顺的。一些地区的中立者以及公开反对图书馆立法的人们，需要来自政治家的活动做斡旋和游说工作。对于一些公开反对立法的纳税人，这些强制的微薄税金是可以承担的，但从政治意义上讲，一些反对者认为支持图书馆的税收是除了支持学校税收以外的不平等的加权。换言之，人们缴纳了税收，却没有按比例享受到这些图书馆税收的好处。尤其是对于一些不爱看书的人，他们更不情愿缴纳税收支持免费图书馆的对外开放。税收支持的图书馆一开始实施中确实受到了少数人的反对，正如每项新事物的开始总要经历一些磨难。但后来"税收支持图书馆在人民群众的感情

---

[1] Sidney Herbert Ditzion. *Arsenals of a Democratic Culture：A Social History of the American Public Library Movement in New England and the Middle States from 1850-1900*[M]. Chicago，1947：American Library Association：30.

[2] Sidney Herbert Ditzion. *Arsenals of a Democratic Culture：A Social History of the American Public Library Movement in New England and the Middle States from 1850-1900*[M]. Chicago，1947：American Library Association：31-33.

中已经成为定律,它现在可以安全地无视所有头脑狭隘的或胸无点墨的人的反对和攻击"[1]。另外,在社会整体上来看,从"社会图书馆"到免费"公共图书馆"的转型中,一些地方的图书馆经历着社会图书馆与公共图书馆的共生缓和阶段,直到后来美国阶段性的经济形势不景气,加之慈善捐赠的失败更有利于加强税收支持公共图书馆的发展。

如果说立法和建立免费公共图书馆之间存在着密切关系,但绝不是必然的关系。因为这样一个繁荣的免费图书馆背后需要更多热爱图书馆人的支持,同时也出现了人道主义精神和慈善事业等社会力量对图书馆发展的大力支持。所有这些因素,促使美国基层图书馆事业向前发展。

3.3.2 人道主义支持

一些研究者认为美国公共图书馆的推动者是一批具有高尚道德情操的自由主义者、人道主义者。人道主义精神具有相对的崇高性,超现实性。"因为精神这个观念就主要作用于超现实性的一面。另一方面,它更着重体现以人为本的,以人类自身功能观念意义上的一种良知,及其在这个意识的作为支配下,形成一种以高度文明为基础,以人类和谐发展为目的的这样的普世观。"[2] 基于这种信仰,当他们看到美国 19 世纪后半期伴随工业革命的发展和城市的兴起所产生的各种罪恶,于是激起这些人道主义者意欲提升这些"迷途羔羊"的动机。Sidney Ditzion 在《民主文化的武器》一书中也指出,在美国历史早期不断扩大的经济政治民主发展时,同一个时代的见证人还有拥挤在城市的穷人,他们没有足够的住房,而且犯罪和酗酒猖獗。尤其是 19 世纪中叶后,工业革命带来了旺盛的繁荣发展景象背后也有普遍的贫困和失业情况。工业时代的扩大生产和产业技术变化,使

---

[1] Sidney Herbert Ditzion. *Arsenals of a Democratic Culture*:*A Social History of the American Public Library Movement in New England and the Middle States from 1850-1900*[M]. Chicago,1947:American Library Association.

[2] 人道主义精神 [EB/OL].[2022-9-18].http://baike.baidu.com/view/80813.htm.

得女工和童工被推向劳动力的大军，而市场过剩劳动力产生之后他们又失去了工厂里的工作，随之而来的是生活条件恶化，社会秩序紊乱。也因此，他们认为公共机构如图书馆正可以帮助这些穷苦的民众得到继续教育的机会，提升每个民众的水平，以达到完美的理想。换句话说，当时之人想成立公共图书馆，是一种人道的热诚，是从提升民众这个崇高的动机上开始的。当时的上层社会洋溢的这种人道主义精神，主要是企图打击酗酒、犯罪、骚乱等社会不良现象。

总之，人道主义者期望通过建立图书馆，实现知识传播的渠道，以达到遏止激进的思想倾向、防范劳工的骚动、使人民兼具德行与智能、维护国家的繁荣与安宁、让人民更具生产能力等。这种教育目的确信个人的福利与社会整体的状况息息相关。它的目标是更完美的社会，达到这个目标的障碍是无知，而克服无知达到目标的方法则是公共教育。美国不同时期推广公共图书馆的人，包括知识精英、中产阶级、慈善家等都相信人类有迈向完美的可能性。基于这个信仰，他们觉得有必要建立公共的教育机构来进行再教育，以提升广大民众的知识与道德能力。他们所有的考虑，纯粹是为了民众的福利。换句话说，他们的动机完全是利他的，是人道热诚的一种表现。[1]

3.3.3 慈善捐赠的助力

美国图书馆事业的迅速发展还得益于慈善事业动力对美国图书馆的促进作用。Sidney Ditzion 认为，美国慈善与博爱意识主要来源于三个方面，分别是民主意识、宗教意识和人道主义精神。[2] 这三方面对于美国的慈善与博爱意识根源形成了很大影响。早期图书馆发展当中，一些慈善家对图

---

[1] 美国公共图书馆为何兴起？不同的典范及其不同的解释 [EB/OL]. 老槐博客. http://oldhuai.bokee.com/4430697.html. 访问日期：2022-9-18.

[2] Sidney Herbert Ditzion. *Arsenals of a Democratic Culture：A Social History of the American Public Library Movement in New England and the Middle States from 1850-1900*[M]. Chicago，1947：American Library Association：130.

第3章　美国城镇与乡村基层图书馆发展的历史背景

书馆的捐助不仅是捐助金钱，还将个人大量珍贵的藏书捐助给图书馆，支持图书馆的发展。这种财富转移状况在美国非常普遍，并能持续下去。值得注意的是，在美国，没有哪一项事业比公共图书馆更多地受益于慈善事业，这使得很多图书馆项目和服务得到很好的开展。

慈善捐助，对于图书馆来说的确是一件好事。图书馆探索各种形式的筹款活动，以补充纳税税款对于图书馆事业发展的不足。直到今天，慈善事业对于图书馆仍旧可以缓解其"在历史上最严重的预算削减"的艰难。在美国，不同大小的社区图书馆都会收到主动捐赠，为社区图书馆发展发挥了稳定、持久的财政支持作用；而公共图书馆本身一直致力于提供良好的服务，这种正面影响使它们有资格吸引更多慈善捐助者[1]。

图书馆捐赠事业占据了公共图书馆经济的重要位置，Dr. A. E. Bostwich 曾经在《美国公共图书馆》这本书中写道：在美国恐怕没有哪一项公共活动能比图书馆接受的个人捐赠更多了。这些捐赠有如此之多和如此之大，尤其是过去15年以来，许多人认为个人捐赠刺激了图书馆的不正常增长，以至于现在它们在公共财政方面"失宠"。公共图书馆是一个公平公正的机构，它值得人们普遍认可和广泛支持。无论人们走到哪里，都会在图书馆里通过纪念性标志看到慷慨可观的捐助。当你翻开任何一家图书馆的年度报告时，你都会看到类似于以下的捐款、捐物语句："Under the will of the late…$10,000" "from the executors of the will of late...$50,000" "from the estate of …came $41,607。"[2] 美国图书馆的捐赠不仅仅限于富人，也体现在普通人的捐赠——不管是普通团体还是个人。许多的捐赠往往显示着捐赠者的自豪情感，他们知道这能赢得别人的赞赏；很多捐赠虽然数额不大，但以一

---

[1] Susan E. Randolph. The promise of the Great American Wealth Transfer for Public Libraries[J]. *Public Libraries*, 2005：89-94.

[2] Henry A. Sharp. *Libraries and librarianship in America：a British commentary and comparison*[M]. London：Grafton & Co., 1936：51-53.

种更实际的方式呈现给社会,表现出人们关心图书馆的态度。相当一大部分人在增加自己财富的同时也在增加对图书馆、艺术馆的建设。而且,图书馆也会积极投身到社区活动中去,图书馆代表和社区其他成员一样(例如教堂代表)参加地方的会议。总之,公众越能参与到图书馆,图书馆就会越办越好。

Sidney Ditzion 在《民主文化的武器》一书中重点介绍了美国的慈善捐助者即钢铁大王卡内基(Andrew Carnegie)对美国公共图书馆的影响。从 1886 年到 20 世纪初,卡内基共捐助了 5600 万美元,在全美 1400 个社区建立了 2000 多座图书馆,其中绝大多数是社区公共图书馆。因此很多人认为卡内基是美国整个公共图书馆体系的缔造者,这一点也不夸张。卡内基建立并资助社区图书馆有两个显著的特点:其一,申请捐助的社区必须无偿提供土地用于修建图书馆,而他的捐助只能用于图书馆的建筑开支,而不是用于采购图书和人员工资;其二,接受捐助的社区政府必须许诺,今后保证每年拿出相当于他捐助数额 10% 的拨款用于图书馆的维护和人员开支。[1] 我们可以看出,卡内基的第一个条件是在实物上推动了美国公共图书馆的建设,而第二个条件,则是在财政制度上保证了美国公共图书馆的运作,其意义非常深远。卡内基提出的社区图书馆发展模式及发展结构,对于当时美国基层社区图书馆的普遍发展起到了重要作用。

3.3.4 志愿精神的支持

研究志愿精神的专家凯瑟琳·诺伊斯(Katherine Noyes)和苏珊·埃利斯(Susan Ellis)在她们的著作《民治》(*By the People*)中写道,志愿精神是美国政体有效运行的重要支柱。长期以来,人们志愿参加为他人服务的活动历来是美国社会的一项重大事务。上述两位作者认为,以志愿者身份

---

[1] Sidney Herbert Ditzion. *Arsenals of a Democratic Culture: A Social History of the American Public Library Movement in New England and the Middle States from 1850–1900*[M]. Chicago,1947:American Library Association:149-158.

第3章 美国城镇与乡村基层图书馆发展的历史背景

投入各项活动的市民越多,他们与实现社会抱负的距离就越接近。[1]具体说来,美国的志愿精神包括以下各种内容:为社区各种类型的公益事业提供服务,为有意义的事业募款,努力保存历史文物,担任消防队或救护车队队员和指导青少年团体等。埃利斯和诺伊斯说,在美国各机构、职业和社会活动中,志愿精神发挥的影响功不可没。志愿精神是实现共同目标的方法之一,尤其是在每次新移民高潮到来的时期都得到迅速应用。这两位作者说:来到美洲新殖民地的欧洲定居者都面临着同样的重大问题……同舟共济常常能转危为安,绝处逢生。为了共度危难,每个新社区的成员必须承担各种工作,满足每一个方面的需要。他们以原有的习俗与信仰为基础,创造了适应新情况的行为方式。定居者发现,互助式的服务不仅已经超出了维持生存的需要,而且还提供了社交渠道并培养了社区精神。这种新制度逐渐奠定了美国生活方式的基石。当时还没有一个体现多样性的政府,社会许多方面的事务由个别的志愿者或志愿团体处理。随着定居人数不断增长,他们采用了加强共同联系与依靠个人服务的各种治理形式[2]。

以早期私人协会建立的私人图书馆协会为例。图书在当时很缺乏,因此个人藏书被大家互相传阅,并经常捐给社区使用。与收藏的图书一起捐出的还有历史文件,为了便于私人协会图书馆的发展,大家靠自觉交纳少量的会员费以维持早期社会图书馆的发展。随着城市陆续建成,许多服务项目最终由政府接管。这些私人图书馆协会成立的社会图书馆也逐渐转变为靠税收支持的公共图书馆。但最初这些公共服务项目还是由关心这些工作的人民来完成的。再如,美国历史上的许多名人都与志愿者的努力或慈善事业有关。本杰明·富兰克林(Benjamin Franklin)在18世纪参与建

---

[1] 志愿精神是美国民主的支柱[EB/OL].[2007-12-6/2012-03-13].http://club.kdnet.net/dispbbs.asp?id=1969324&boardid=2&page=1&1=1#1969324.

[2] 志愿精神是美国民主的支柱[EB/OL].[2007-12-6/2012-03-13].http://club.kdnet.net/dispbbs.asp?id=1969324&boardid=2&page=1&1=1#1969324.

立了美国第一批图书馆、第一个志愿者消防队和第一个动物园。珍·亚当斯 (Jane Addams) 在 19 世纪末发起"定居救助之家运动 (settlement house movement)",要求解决城市贫民的问题,促进了重大社会改革。美国社会各界以及普通民众对美国社区公共图书馆的贡献,为美国社区图书馆体系的普遍开展奠定了极为重要的基础。通过接纳各种不同的传统来迎接新的挑战,并且在共同奋斗的过程中学习,美国在鼓励革新和相互帮助的志愿精神环境中得到发展。

3.3.5 其他社会支持条件

其一,知识精英的推动作用。美国公共图书馆能够顺利发展,不可或缺的因素之一是早期一些知识精英的积极推动作用。这些知识精英被认为是图书馆发展的重要因素,不仅因为他们指挥或影响了图书馆发展的进程,而且他们在图书馆发展进程中,通过宣传和其他的方式,使得图书馆具有影响力、占据人们的主流思想意识。他们表达的思想影响着当时人们的思想,并符合当时社会文化发展的要求,更重要的是他们使公共服务的思想影响到当地政府领导者并得到了政府的支持,最终获得当地税收拨款的支持[1]。较鲜为人知的是,早年的图书馆设立是由贵族阶级设计和发起的,其目的是成为少数贵族或精英学术研究的中心。因此,早期公共图书馆的形象就是冰冷的、僵硬死板的,被定义为"精英使用机构"。这种"社会图书馆"性质的机构也被普遍认为是公共图书馆运动的起源。然而,众所周知,早期历史上只有非常小的一部分人才有资格越过图书馆的门槛,进入图书馆读书。然而,一些人道主义和自由主义改革派坚持公共图书馆是"普通人"继续教育的机构,并尽力推广图书馆阅读和服务活动。这些广泛推广"平民图书馆运动"的先驱者,主要是基于以下思想:(1) 人具有无限

---

[1] Sidney Herbert Ditzion. *Arsenals of a Democratic Culture:A Social History of the American Public Library Movement in New England and the Middle States from 1850-1900*[M]. Chicago,1947:American Library Association:9.

第3章　美国城镇与乡村基层图书馆发展的历史背景

接近完美无缺的信念；（2）书的主要作用是人对知识的完善；（3）一般人负担不起书的费用。人们普遍认为，这些基本假设和思想仍然被自由主义和理想主义广泛接受和承认，公共图书馆作为"人民的大学"，从最初到现在一直没有动摇过。早期的知识精英中涌现了很多支持图书馆发展的先驱人物，几个较有影响力的人物促进了新英格兰地区公共图书馆的建立和发展。[1] 首先从波士顿图书馆的建立说起，波士顿公共图书馆的建立实际上预示着真正意义上的公共图书馆运动的开端。

推动波士顿公共图书馆建立过程中较有影响的人物第一个是曾任马萨诸塞州州长的爱德华·埃弗里特（Edward Everett，1794—1865）。他首次表明公共图书馆的建立是一个严肃的问题。1851年6月7日，爱德华给比奇洛（Bigelow）市长写了一封长信，表达了他的想法即城市管理和建设中应该考虑纳入建设公共图书馆。爱德华在这封信中，概述了他建立公共图书馆的思想，并建议应提供给各个阶级的人能够访问图书馆的权利，但主要是建立学术研究图书馆。第二个是乔治·蒂克诺（George Ticknor，1812—1894）。乔治·蒂克诺受过良好的教育，是波士顿地区知识阶级的领袖和领导者。乔治·蒂克诺曾写信给Everett，坚持主张：新的图书馆其实应该是"学校系统至高无上的荣耀"，但是，新方法还需要在波士顿推广实行，从而为更多的波士顿普通公民提供流行书籍和当代艺术作品。因此，乔治·蒂克诺在波士顿几乎单枪匹马战胜了他的贵族化同胞，相信建立公共图书馆是基于平均主义性质的精神。乔治·蒂克诺告诉我们，这是一个自由和民主派欢迎变化和对人类本性持乐观态度的时代。乔治·蒂克诺建立公共图书馆的主张是伟大的，甚至与托马斯·杰弗逊相比，乔治·蒂克诺也毫不逊色。因此，乔治·蒂克诺经常和托马斯·杰弗逊被人们相提

---

[1] Sidney Herbert Ditzion. *Arsenals of a Democratic Culture：A Social History of the American Public Library Movement in New England and the Middle States from 1850-1900*[M]. Chicago，1947：American Library Association：9.

并论。乔治·蒂克诺的思想主要是平民教育思想。主张为工人阶级提供平等服务教育的机会，提倡学校和图书馆的免费开放。他提出的免费学校和免费图书馆方案是在启迪民智的基础上为维护和加强美国共和体制的深入关切。他还提出，"谁控制了群众智慧的建设，谁就维护了一个伟大的民族"[1]。第三个是弗兰西斯·威兰德（Francis Wayland，生卒年不详）。弗兰西斯·威兰德是一位建立公共图书馆的提倡者和拥护者。他于1851年对马萨诸塞州图书馆的捐赠，是该州公共图书馆创立的催化剂；同时在马萨诸塞立法中为推动建立镇图书馆做出了贡献。

其二，图书馆委员会的成立。图书馆委员会是社会力量参与管理图书馆的一种形式，从另一个角度讲，是对图书馆发展的另一种形式的监督，对于图书馆的可持续发展和良性发展起到了根本促进作用。美国19世纪后半期中，美国东部各州相继成立州图书馆委员会。马萨诸塞州图书馆委员会成立于1890年，因而在其州内公共图书馆的发展最为迅速。早期的州图书馆委员会职责更加重要，不仅处理财政援助，并通过其现有的图书馆委员会的帮助，推动建立新图书馆，通过图书馆立法支持，到学校推广图书馆服务和社会团体合作，共同推进图书服务[2]。1890年以后，美国各地的图书馆委员会相继成立，无论是国家还是地方的图书馆活动都明显增加。马萨诸塞州和新罕布什尔州州委员会授权市政府提供100美元的书籍补助金拨款，凡是符合国家法律的要求，任何乡镇图书馆都可以享受书籍补助。图书馆的需求在这种情况下还是没有得到满足，后来他们制定了一个强制性的图书馆法。在这个条款下，每个乡镇每年选出董事会成员并拿出当地收入中一部分资金支持图书馆发展。城镇中图书馆委员会以投票的方式成

---

[1] Sidney Herbert Ditzion. *Arsenals of a Democratic Culture：A Social History of the American Public Library Movement in New England and the Middle States from 1850-1900*[M]. Chicago，1947：American Library Association：10.

[2] Ernestine Rose. *The public library in American life*[M]. Columbia University Press，1954.

第3章 美国城镇与乡村基层图书馆发展的历史背景

立,任何人都有资格当选为图书馆委员会成员。图书馆委员会作为激活和加速公共图书馆发展的一个重要机构,为很多地方图书馆的发展提供了保障。在19世纪后半期中,由州政府支持的图书馆法律和图书馆委员会的成立,是新英格兰地区和美国中东部地区公共图书馆理念实践的证明。

其三,图书馆社会教育功能凸显。19世纪后半期,建立公共图书馆的原因是成人教育的需要。美国19世纪二三十年代出生的人中,很多人小时候没有接受到良好的教育,而19世纪后期随着新的科学技术的发展,对文化知识的要求越来越高,因此社会需要建立公共图书馆来弥补学校缺失的延伸教育。另一方面,妇女对图书馆运动也有较大贡献,她们是图书馆的"忠实粉丝"。原因之一是她们热衷于使用公共图书馆的设施。在19世纪,社会尚未为女性提供更多教育机会的条件下,图书馆则超出了学校范围能够提供她们自学的机会。Sidney Ditzion在《民主文化的武器》一书中提道,在早期图书馆借阅记录当中看到大部分借阅者是女性,这是不足为奇的。此外,妇女组织在当时联合社区的积极力量逐步强大起来,促进公共图书馆事业的发展。最重要的表现就是,女性在早期公共图书馆体系发展当中,也争取到了就业的机会,以至于后来发展为女性占据图书馆"主导"力量的局面[1]。

---

[1] Sidney Herbert Ditzion. *Arsenals of a Democratic Culture : A Social History of the American Public Library Movement in New England and the Middle States from 1850-1900*[M]. Chicago,1947 : American Library Association : 83.

第4章　美国城镇与乡村基层图书馆管理与服务研究

4.1 总体情况

4.1.1 美国人眼中的社区图书馆

美国人喜欢图书馆，一直支持图书馆的发展并付诸实际行动；民众支持公共图书馆的发展是美国图书馆赖以生存发展的原动力。美国作家卡尔·萨根（Carl Sagan）在《宇宙（*Cosmos*）》这部作品中说过：

> The health of our civilization and the depth of our culture and our concern for the future can all be tested by how well we support our libraries.
>
> 我们（美国）文明的健康、文化的深度，以及我们对未来的关心，都能以我们支持图书馆的程度来验证。[1]

美国人笃信，公共图书馆如同城市公园一样为所有人公平使用。ALA前主席莫莉·拉斐尔（Molly Raphael）曾经说过：公共图书馆是政府创造

---

[1] Counting opinions[EB/OL].[2023-01-03].https://www.countingopinions.com/#home.

第 4 章　美国城镇与乡村基层图书馆管理与服务研究

的最为民主的机构。[1]1995 年时任美国洛杉矶公共图书馆的馆长认为：

> Libraries today are new keepers of the faith...I believe very strongly in public libraries as the foundation of a democratic society...I believe very strongly in the common good...I believe free access to information has to stand.

今天的图书馆是信仰的新守护者……我坚信公共图书馆是民主社会的基础……我坚信共同利益……我认为自由获取信息是必须的。

——Librarian at the County of Los Angeles Public Library, July 1995[2]

美国人民热爱图书馆，不仅认为图书馆能提升人们的知识储量，更认为图书馆能培养人民的人格禀性。

随着新技术的发展，在互联网和多媒体时代，图书馆成为缩小数字鸿沟、平等接入网络的重要场所。近年来，美国许多职位的申请都必须要在线申请或通过发送邮件申请。对于那些不会上网或者没有接触过电脑的美国人来说，美国公众热衷于到当地社区图书馆获取帮助，是因为这里有热心的图书馆馆员以及专门的技术人员或者信息导航者指导人们使用电脑，帮助人们成功实施申请工作的流程。美国社区图书馆除了提供上述图书馆技术服务以外，更是儿童的天堂和乐园。在社区图书馆内，经常可以看到推着婴儿车的年轻父母，他们到图书馆最重要的原因在于家长们对孩子阅读观念的培养，认为孩童时期对书籍热爱的习惯会对其以后的人生产生重大影响；还有一个次要原因在于，美国的纸质印刷书籍十分昂贵，一般家庭不可能收藏如此丰富的幼儿书籍，而当地社区公共图书馆内书籍品种繁多，便成为启蒙早期儿童阅读的一个天堂。此外，当地每个社区图书馆都为儿童购置了许多玩具，儿童阅读累了，可以到低矮书架的旁边玩一

---

[1] Antonino D Ambrosio. Overdue Notice：Defend Our Libraries[J]. *The progressive*，2011（11）：16-19.

[2] Molz, Redmond Kathleen; Molz, Redman Kathleen; Dain, Phyllis. *Civic Space/Cyberspace：The American Public Library in the Information Age*[M]. Cambridges：The MIT press, 1999.

些玩具。儿童玩具区成为少儿阅览室重要组成部分，而少儿阅览室又是每个当地社区图书馆的必要组成部分。对于一个普通美国民众来讲，社区图书馆从每个人的人生伊始便走入他们的生活，成为他们扩展知识、陶冶情操的重要场所。社区图书馆也教会人们懂得责任担当、尊重他人、享受艺术等。

总之，美国人始终认为身边的社区图书馆是生活中不可或缺的工具；更是生活中一道亮丽的风景线。由于美国公共图书馆的发展与学校教育的同步交错发展，普利策奖（the Pulitzer Prize）得主传记作家 J. 斯蒂尔斯（T. J. Stiles）认为：正如一般人所了解的，书架之间的走廊就是摆脱贫穷的通道；是学校设立不足、教育匮乏时的补充；是通往一流教育的高速通道上的加速器。还有一些美国人认为：假如信息是民主的"通行货币"，那么图书馆就是"银行"。[1] 美国的公共图书馆常被誉为"信息的博物院"，提供权威、及时可靠的信息。美国人体会到，任何问题的确定答案，都能在图书馆找到。美国建筑师唐凯尔西指出，在美国有两类建筑物以其独特的建筑风格别具一格，那就是图书馆和教堂。作为美国文化的象征，图书馆和教堂在当地社区中脱颖而出，这两个地方有一个共同之处即都是文化和礼仪的象征，也表示着人们对文化和礼仪的尊重。[2] 对于图书馆建筑而言，人们认为图书馆不仅仅是一座建筑，它更应该是一件艺术品。

21 世纪以来，美国每年用在购买图书馆设备上的花费占到 50 亿美元，三分之二用在小型公共图书馆即基层社区图书馆上[3]，今天这个数字比例可能更高。虽然 2009 年经济危机以来，美国公共图书馆在经济形势不好的

---

[1] Antonino D Ambrosio. Overdue Notice：Defend Our Libraries[J]. *The progressive*，2011（11）：16–19.

[2] Lieber，Claudine.Be a Guest：A French Look on American Libraries[J].*Library Administration & Management*，2007，21（4）：178–180.

[3] Antonino D Ambrosio. Overdue Notice：Defend Our Libraries[J]. *The progressive*，2011（11）：16–19.

情况下生存愈艰，有很多地方政府不得已采取措施缩减图书馆的财政预算，但美国民众抵制缩减财政预算的游行和示威也屡见不鲜。2011 年 ALA 统计分析，有 31% 的美国人愿意在税收支持的数十项服务当中把社区图书馆服务排在第一位；93% 的人希望图书馆仍旧保持免费服务的状态。[1] 今日美国公共图书馆的受欢迎程度还在飙升。美国公众对公共图书馆的支持反映在访问量的增加上。根据最近的盖洛普民意调查，参观访问图书馆是"迄今为止美国人参与的最常见的文化活动"。该调查显示，2019 年美国成年人人均访问图书馆 10.5 次，这一频率超过了他们参与其他 8 种常见休闲活动的频率。美国人平均每年参加现场音乐或戏剧活动、参观国家或历史公园约 4 次，每年参观博物馆和赌场 2.5 次。2019 年的盖洛普民意调查显示："尽管过去 20 年基于数字化的活动内容激增，包括数字书籍、播客、流媒体娱乐服务和高级游戏的出现，但图书馆一直是美国人平均每月经常访问的地方，因为公共图书馆提供免费 WiFi、出借 CD 或开展丰富多彩的儿童活动等服务，因此最常被年轻人、妇女和低收入家庭等不同类型的社区居民使用。"[2]

4.1.2 美国公共图书馆整体发展情况

据美国 2021 年对 2019 财年的统计报告显示，按照行政实体美国一共有 9047 所行政实体的公共图书馆。从近 30 年美国行政实体的公共图书馆来看，这一数据变化是在缓慢增长中趋于稳定的。美国公共图书馆近 30 年具体数量变化如表 4-1 所示：

---

[1] Antonino D Ambrosio. Overdue Notice：Defend Our Libraries[J]. *The progressive*，2011（11）：16-19.

[2] ALA releases 2020 State of America's Libraries report[EB/OL].[2022-12-20].http：//www.ala.org/news/state-americas-libraries-report-2020.

表 4-1 美国近 30 年公共图书馆数量的变化[1]

年份	数量
1992	8946
1993	8929
1994	8921
1995	8981
1996	8946
1997	8967
1998	8964
1999	9046
2000	9074
2001	9129
2002	9137
2003	9211
2004	9207
2005	9198
2006	9208
2007	9214
2008	9221
2009	9225
2010	8951
2011	8956
2012	9082
2013	9091
2014	9070
2015	9068
2016	9057

---

[1] 美国公共图书馆数量变化[EB/OL].https：//libguides.ala.org/librarystatistics/numberoflibrariesovertime.2022-9-18.

第4章 美国城镇与乡村基层图书馆管理与服务研究

续表

年份	数量
2017	9045
2018	9058
2019	9057

美国2019财年统计报告中还包括以下统计数据[1]：第一，在过去的十年（2009-2019年）美国公共图书馆人均访问量和流通量都缓慢增加。其中公共图书馆访问量和流通量最高的是郊区的公共图书馆。第二，公共图书馆的数量在过去10年变化不大。但这种增长已经超过了人口的变化。第三，美国公共图书馆馆藏的性质和成分在发生着变化，说明现代公共图书馆馆藏有更多不同的类型。印刷材料数量在过去10年下降而图书馆整体馆藏在增加，主要是因为音频、视频和电子书籍数量不断增加。第四，公共图书馆在向公众提供互联网资源方面的作用不断提高。尤其是无线网络的使用为当地社区居民所青睐。第五，公共图书馆增加了不同形式的服务项目来满足人们不断增长的需求，并通过开展小规模的服务项目满足个性化的需求。尤其是在农村地区人均服务项目的开展远远超过美国全国服务项目开展次数的平均水平。第六，总体而言，美国图书馆人员编制自2000年度以来一直保持稳定。值得注意的是，公共图书馆系统拥有ALA-MLS学位的图书馆工作人员在过去10年有所增加。

按照总分馆来看，美国目前（2019年）共有16607个图书馆，分别分布在美国50个州和哥伦比亚地区，这16607个图书馆包括8884个中心馆和各个中心馆体系下属的7723个分馆。美国公共图书馆广泛分布在全美

---

[1] Deanne W. Swan, Kim A. Miller, Terri Craig, Suzanne Dorinski, Michael Freeman, Natasha Isaac, Patricia O'Shea, Peter Schilling, Jennifer Scotto. Public Libraries in the United States: Fiscal Year 2009[EB/OL]. [2012-5-20].https：//harvester.census.gov/imls/pubs/Publications/pls2009.pdf October 2011。

各地，公共图书馆的服务领域覆盖国家总人口的 97%。在美国，人们利用图书馆寻找工作的信息、创造新的事业，借助图书馆的帮助发展经营人们的事业。人们借阅图书馆的书籍、杂志、音乐和电影光盘；在图书馆学习使用最新的技术；得到重新进入劳动力市场所需要的信息。在美国任何一家公共图书馆，人们都能得到他们需要问题的答案；在图书馆从事日常活动；与朋友和同事会面；提高自身的技能。每天，社区公共图书馆提供数百万美元的资源和支持，以满足社区居民的关键需求。

4.1.3 美国城镇与乡村基层图书馆利用情况

美国公共图书馆一直与社区有着密切的关系，将居民与解决居民健康、学习和劳动力发展需求的信息联系起来。近年来，公共图书馆参与社区发展的基石不断扩大。今天，公共图书馆不仅是人们可以从专业人员那里寻求研究和信息需求方面获取帮助的地方，也是集体聚集空间和社区讨论的重要场所。公共图书馆继续提供馆藏、技术和社区空间，通过提供其他方式可能无法访问的资源将个人、家庭、企业和非营利组织彼此联系起来。[1]

从历史的角度来看，美国公共图书馆的发展在 20 世纪 80 年代已经趋于稳定。通常，位于大城市的大型图书馆馆藏丰富，每年预算要很大一笔开支，服务人口更多，因此它们都会设置很多分馆。同时，雇佣很多人，这些人当中，也只有 35% 是图书情报专业技术人员。但是大型图书馆的数量只占美国图书馆的很少一部分。相比之下，美国大多数的基层社区公共图书馆（约占美国公共图书馆总量的 72.2%）服务于一万及其以下人口，这些城镇与乡村图书馆每年大约只有 30000 卷 / 册的图书资料流通量，有不少于 40000 册馆藏图书，年度预算少于 50000 美元，并有 3 个或更少的正式全职员工，其中可能有 1 人或 2 人有先进的训练或专业学位。很多这样的社区图书馆是位于农村地区或者城镇地区，这样的社区图书馆在美国

---

[1] Institute of Museum and Library Services.*Characteristics of Public Libraries in the United States：Results from the FY 2019 Public Libraries Survey*[R].2021：1.

第 4 章 美国城镇与乡村基层图书馆管理与服务研究

是最普遍而服务最广泛的图书馆[1]。

根据图书馆服务人口、图书馆的花费开支以及藏书量为标准，美国把公共图书馆一般划分为大城市公共图书馆、郊区公共图书馆、城镇以及乡村地区公共图书馆。美国不同等级的公共图书馆服务人口不同，越是小的图书馆服务人口越少但数量越多（如表 4-2 和表 4-3 所示），由此造就了全美基层公共图书馆服务体系。美国 2009 年和 2019 年公共图书馆的相关数据如表 4-2 和表 4-3 所示：

表 4-2 美国按照地域划分各个类型公共图书馆的分布（2009 年）

类型	数量	百分比	下属类型	数量	百分比	人口比重
城市（Urban）	490	5.3%	大城市（Large City）	73	0.8%	35.6%
			中等城市（Midsize City）	116	1.3%	
			小城市（Small City）	301	3.3%	
郊区（Suburban）	2079	22.5%	大郊区（Large Suburb）	1697	18.4%	36.9%
			中等规模郊区（Midsize Suburb）	222	2.4%	
			较小郊区（Small Suburb）	160	1.7%	

---

[1] Donald J. Sager. *Research report on the American public library*[R]. OCLC Office of Research. June 1982.

续表

类型	数量	百分比	下属类型	数量	百分比	人口比重
城镇 (Town)	2245	24.4%	边缘城镇 (Fringe Town)	324	3.5%	15.1%
			较远城镇 (Distant Town)	1131	12.3%	
			偏远城镇 (Remote Town)	790	8.6%	
乡村 (Rural)	4411	47.8%	边缘农村 (Fringe Rural)	591	6.4%	12.3%
			较远农村 (Distant Rural)	2073	22.5%	
			偏僻农村 (Remote Rural)	1747	18.9%	
总计	9225	100%		9225	100%	100%

(资料来源：Public library survey, FY 2009, Institute of Museum and Library Service)

备注：

1.大城市：城市化区域内和人口超过250000人的主要城市内的领土。

2.中等城市：城市化区域内和主要城市内人口少于250000人且大于或等于100000人的领土。

3.小城市：城市化区域内和人口少于100000人的主要城市内的领土。

4.大郊区：主要城市以外和城市化区域内的领土，人口超过250000人。

5.中等规模郊区：主要城市以外和城市化区域内的领土，人口少于250000人且大于或等于100000人。

6.较小郊区：主要城市以外和人口少于100000人的城市化区域内的领土。

7.边缘城镇：城市群内的领土，距离城市化区域小于或等于10英里。

8.较远城镇：城市群内的领土，距离城市化区域超过10英里且小于或等于35英里。

9. 偏远城镇：城市群内的领土，距离城市化地区超过35英里。

10. 边缘农村：人口普查定义的距离城市化地区小于或等于5英里的农村地区，以及距离城市群小于或等于2.5英里的农村地区。

11. 较远农村：人口普查定义的距离城市化地区超过5英里但小于或等于25英里的农村地区，以及距离城市化地区超过2.5英里但小于或等于10英里的农村地区一个城市群。

12. 偏僻农村：人口普查定义的农村地区，距离城市化地区超过25英里，距离城市群超过10英里的农村地区。

表4-3 美国按照服务法律人口划分公共图书馆的分布（2019年）

法律服务区人口	公共图书馆数量	固定网点（总分馆）数量[1]	平方英尺		
			总计（以千计）	平均[2]	每千人口[3]
总计[4]	8991	16518	211306	12792.4	669.21
1000000 以上	35	1361	27114	19922.4	449.00
500000 到 999999	57	1103	23508	21313.1	568.75
250000 到 499999	112	1195	21539	18024.0	555.75
100000 到 249999	366	1996	33270	16668.3	587.14
50000 到 99999	577	1569	26958	17181.8	680.26
25000 到 49999	994	1748	26874	15374.3	796.00
10000 到 24999	1758	2245	26662	11876.4	973.72
5000 到 9999	1476	1630	12075	7408.0	1160.10
2500 到 4999	1257	1296	6473	4994.8	1432.83
1000 到 2499	1457	1470	4886	3324.1	2038.99
低于 1000	902	905	1945	2148.6	3761.84

备注：

1. 平均平方英尺的计算方法是将固定网点的总平方英尺除以具有非缺

失数据的此类网点的数量。

2.每千人口数据基于法律服务区未重复人口总数。州图书馆机构基于该州辖区的最新州人口数据，并确定不重复图书馆的数量。

3.总计包括 50 个州和哥伦比亚特区，但不包括边远地区、2019 财年关闭或暂时关闭的图书馆，以及不符合公共图书馆定义的图书馆。

从表 4-2 和表 4-3 可以看出，美国按照服务法律人口划分公共图书馆的分布情况，服务人口在 25 万以上的大型公共图书馆数量占据少数，但却有较多的服务网点即总分馆。服务人口较少（25 万以下）的中小型图书馆数量庞大，服务地理范围也较为广泛。

由表 4-2 和表 4-3 中还可以看出，在 2009 年美国公共图书馆体系统计情况中，城镇和乡村公共图书馆数量居多，其中农村公共图书馆有 4411 所，占全美公共图书馆体系（9225 所[1]）总数的 47.8%，由于美国地广人稀，这些数量众多的美国农村图书馆仅仅服务着全美 12.3% 的人口；城镇公共图书馆有 2245 所，占全美公共图书馆总量的 24.4%，服务着全美 15.1% 的人口。多年以来，美国城镇和乡村图书馆是美国民众利用最充分的地方，这与社区图书馆自身发展是密不可分的。20 世纪 80 年代以来，美国基层公共图书馆发展态势良好，并有几个显而易见的趋势，除了日益增加的图书馆预算，还有一方面是新技术的利用越来越普遍和广泛。总体来讲，城镇和农村图书馆是美国公共图书馆发展当中最大的受益者，到目前为止美国的城镇和乡村图书馆服务体系已经很健全和稳定。2019 年统计当中，我们发现，2019 年服务人口在 10000 到 24999 之间的有 1758 个图书馆，服务人口在 5000 到 9999 之间的有 1476 个图书馆，服务人口在 2500 到 4999 之间的有 1257 个图书馆，仅这三项占总体总分馆数量的 49%，充分说明了美国基层公共图书馆服务体系的广泛，基层图书馆（主要包括了大多数

---

[1] 此数据指的是美国公共图书馆中心馆体系或者独立行政单位的图书馆体系数量。

的农村图书馆）仍然占据为广大居民服务的主体。

借助于美国2009年和2019年度统计报告的数据，我们现将美国城镇与乡村基层图书馆利用情况相关数据做以下进一步阐述。

其一，美国城镇与乡村基层图书馆访问量和借阅量。2009年美国城镇图书馆的人均访问量为4.7，图书资料人均流通量为6.4；农村图书馆人均访问量为4.8，图书资料流通量为6.8。美国2019年报告中总体显示：2019年在全美国范围内，有12.4亿人访问过公共图书馆，人均当年访问公共图书馆3.93次，人口在25000以上的公共图书馆人均访问量低于5次，人口在25000的城镇和农村公共图书馆人均访问量高于5次（10000至24999人均访问量为5.45，5000至9999人均访问量为5.82，人均低于1000的公共图书馆人均访问量达7.17）；图书资料流通量是22.7亿次，人均借阅图书资料6.86本/卷。[1]总体来看，美国各种类型的图书馆尤其是基层社区图书馆得到了较好的利用。

其二，城镇与乡村基层图书馆的计算机使用情况，包括联网与不联网计算机使用。从整体上来看，利用互联网访问公共图书馆计算机终端的可用性增加了一倍。因特网的可获得和可使用这一增长趋势，在农村地区更为显著。2009年，在农村地区，每5000人中有5.9个人在图书馆使用联网的计算机，高于全美平均水平52.7个百分点。2019年中，总体计算机使用情况为每5000人中有4.7个人在图书馆使用联网的计算机。其中25000至49999服务人口的图书馆中每5000人在图书馆使用联网计算机的人数低于5；而10000至24999服务人口中，每5000人使用联网计算机的人数为6.34人；5000至9999服务人口的图书馆中每5000人在图书馆使用联网计算机

---

[1] Deanne W. Swan, Kim A. Miller, Terri Craig, Suzanne Dorinski, Michael Freeman, Natasha Isaac, Patricia O'Shea, Peter Schilling, Jennifer Scotto. Public Libraries in the United States：Fiscal Year 2009[EB/OL]. [2012-5-20].https：//harvester.census.gov/imls/pubs/Publications/pls2009.pdf October 2011.

的人数为8.65人，2500至4999服务人口的图书馆中每5000人在图书馆使用联网计算机的人数为11.61人，1000至2499服务人口的图书馆中每5000人在图书馆使用联网计算机的人数为18.92人。[1]上述数据充分说明了，越是基层、越是较小的社区图书馆在提供互联网计算机服务当中，对于当地社区居民越重要；城镇和农村社区图书馆在弥合农村人口、低收入等弱势群体的数字鸿沟方面发挥了重要的作用。

其三，关于城镇与乡村基层图书馆服务项目的开展。2009年，美国农村图书馆为人们提供了更多的服务项目，每1000人中农村图书馆为人们提供了16.4个服务项目。相反，在城市地区的公共图书馆为人们提供的服务项目，人均则较少。2019年总体上每1000人中公共图书馆提供的平均服务项目为18.65个，其中服务人口在25000以上的每1000人中公共图书馆提供的平均服务项目低于20个，而服务人口在25000以下的每1000人中公共图书馆提供的平均服务项目则远高于20个，其中10000至24999服务项目为31.18个，5000至9999服务项目为41.03个，2500至4999服务项目为50.86个。[2]这就需要结合城市和农村公共图书馆所在地的背景和需求，因地制宜满足这些要求。一般来讲，城市图书馆拥有人口密度较大的区域，因而它的服务领域涵盖了更多的人，一般较少的服务项目就能覆盖更多的人。与此相反，农村地区的公共图书馆服务着更大的地理区域、较少的服务人口，这些社区图书馆试图达到为每一个较少的群体提供全面服务的功能，因而需要这些图书馆提供更多的方案和服务项目，以达到能够与城市图书馆服务效果相近。

---

[1] Tables 14-25A：Public Library Services, Resources, and Programs, by population of legal service area：Fiscal year 2019.[2022-12-20].https：//www.imls.gov/sites/default/files/2021-05/fy2019_pls_tables_14_thru_25a.xlsx.

[2] Table 16A. Total, children's, and young adults' programs offered in public libraries in the 50 states and the District of Columbia, by population of legal service area：Fiscal year 2019.[2022-12-20].https：//www.imls.gov/sites/default/files/2021-05/fy2019_pls_tables_26_thru_27a.xlsx.

4.2 美国城镇与乡村基层图书馆管理体制研究

4.2.1 总体情况

一般来讲,从19世纪中期美国公共图书馆的建立伊始,典型的美国公共图书馆是独立的个体单位,靠当地政府资金或当地税收支持公共图书馆的发展,为当地居民服务。20世纪中期以后,社区图书馆领导者意识到合作的重要性,即"只有图书馆合作发展,分享它们的资源和服务,才可以全面满足其用户的需求"[1]。因此,美国的社区图书馆开始发展形成各种不同的图书馆服务体系。图书馆体系的形成,并没有削弱当地图书馆独立、自主的发展;相反,很多当地的城镇与乡村基层图书馆通过资源共享的方式,接受到更多的图书馆服务和图书馆资源,具体表现为当地的公共图书馆不仅开始与公共图书馆系统内各种大城市图书馆、城镇图书馆等合作,还开始与中小学图书馆、大学图书馆、特殊类型图书馆一起合作,共同推进区域图书馆的整体发展。20世纪美国公共图书馆发展当中,比较常见的图书馆体系主要有五种形式,分别为县图书馆服务体系、多个县和地区的图书馆服务体系、特殊地区的图书馆服务体系、州政府直接补助的贫困地区以及全国范围的国家直接管理的图书馆服务体系。[2]

总体来看,美国政府对公共图书馆没有一个统一的管理模式,美国各州的公共图书馆管理模式也不尽相同。美国公共图书馆系统的管理主要是依据法律(法规)结合行业学会(协会)自主自律和图书馆委员会宏观管理。虽然美国各州和地方各县、市通过税收支持图书馆发展是最常见的来源,但其管理机制和实施方法在各个州乃至同一个州的各个城镇显示出很

---

[1] Public Library Service: A guide to Evaluation, with Minimum Standards, Chicago: ALA, 1956: 7.

[2] *Public library systems in the United States*[M].American Library Association, Chicago, 1969.

大的不同。因此，这种管理模式产生的管理机构也有所不同。有的当地公共图书馆管理机构会直接在公职人员或民间团体中产生，例如，它可以由当地的政府董事会或教育委员会负责，有的偶尔会根据"公务员事务规例"的功能出现。所有这些变化中都有法律的强力保障，这是当地图书馆的兴起和发展的主要原因[1]。社区公共图书馆与其他类型的图书馆有着很大区别，它与社会的联系程度最为紧密。而且公共图书馆最初的定义限定在教育的意义，然而后来公共图书馆使命与责任在逐渐变化，其管理机构在各地也有所不同。

20世纪80年代末，美国公共图书馆的行政结构趋于稳定，从调研来看，大多数公共图书馆与地方政府某种形式的公共机构有着关联。根据20世纪80年代末的统计，52.9%的公共图书馆是市政府组成的一部分，14.7%的公共图书馆成为政府机构外独立的政府单位，9.8%的图书馆是县或教区的一部分，3.4%的公共图书馆根据政府间协议有着多司法管辖区的法律基础，2.0%的公共图书馆属于学区管理，1.5%的公共图书馆报告的是"其他"的法律基础。剩下14.8%属于非营利性经营的协会或机构，这意味着，虽然它们受私立的控制，但它们符合国家规定的"公共图书馆"的法律定义[2]。此外，虽然大多数公共图书馆是独立的司法管辖主体，但在业务服务模式上它们多属于更广泛的服务网络。大部分的公共图书馆（76.7%）加入了联合或合作的服务体系；少数的公共图书馆（1.2%）担任总部或合作服务中心；其余的公共图书馆（23.3%）则不属于任何一个联盟或合作服务范围之内。

经过多年发展历程，美国公共图书馆的行政管理结构没有太大的变化，根据美国博物馆和图书馆服务署（IMLS）2020年的调查统计，美国各州中

---

[1] Ernestine Rose. *The public library in American life*[M]. Columbia University Press，1954.

[2] Terry.D. Webb. *Public library organization and structure*[M]. Jefferson，N.C.：McFarland，1989.

有 20 个州是由独立机构/立法部门来管理，包括阿拉巴马州、加利福尼亚州、康涅狄格州、夏威夷州等；有 13 个州的公共图书馆是由教育部门来管理，包括阿拉斯加州、阿肯色州、密歇根州、威斯康星州等；有 10 个州的公共图书馆是由州政府管理，包括亚利桑那州、佛罗里达州等；有 8 个州是由其他机构管理，包括佐治亚州、路易斯安那州等。[1] 具体如图 4-1 所示。

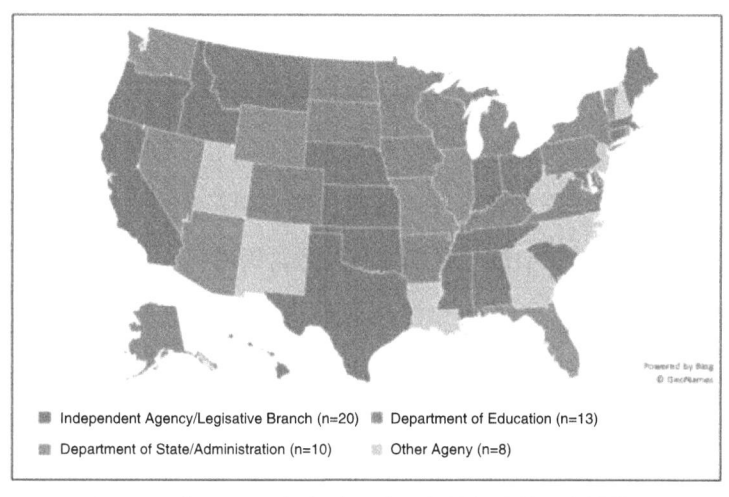

图 4-1　美国 2020 年各州公共图书馆行政管理隶属情况

不论各州的公共图书馆行政管理隶属情况如何，总的来看美国各州下属的社区图书馆是地方当局管理、本地运行和管理服务。这就赋予地方当局控制的优势，包括跨部门的工作，确保当地的重点是解决一系列相关专业知识机构范围的工作。地方自治认为，当地的决策信息，是基于针对当地社区的情况从而提供服务，能够响应当地的需要和加强当地的独特性和个性。地方政府对图书馆的管理具有很强的话语权。虽然美国社区图书馆

---

[1] State Library Administrative Agency Survey[EB/OL].[2022-12-20].https：//www.imls.gov/sites/default/files/2021-10/slaadatadoc2020.pdf.

服务主要是由当地政府即由地方来进行管理和治理,但也有"国家提供"相关帮助,图书馆是政府成功的分权文化机构[1]。

4.2.2 美国城镇与乡村基层图书馆的法律保障

图书馆法是国家对图书馆各种规范的总和,是国家意志的体现,是管理图书馆的依据和指导方向。制定图书馆法的目的就是为图书馆行政人员、图书馆政策的制定者、使用图书馆的一般大众,甚至整个社会在拟定图书馆政策和推动图书馆业务时,提供一套可以遵照执行的标准和规范,并促进图书馆业务的发展。美国的公共图书馆体系和它的运作受到图书馆法和其他相关法律(成文法或不成文法)的监管和影响。[2] 美国图书馆法律通常由地方资助机构(例如市议会或县委员会)制定。这些具体的法律法规和条例补充了州图书馆法律,同时这些法律必须符合州立法,涉及的内容包括详细说明图书馆在当地的管理方式及运营等内容。

除了一部分联邦的州宪法中涉及了图书馆,由州立法机构制定的一般公共图书馆法有三种情况:第一,置于州制定法或州法典中"图书馆"标题之下;第二,置于城市或教育法案之下;第三,涵盖所有类型公共图书馆的法律。上述三种图书馆法律内容包括:授权建立公共图书馆、通过税收维护和运营、管理等。

此外,关于图书馆的联邦立法的重要性正在被重视,立法范围也在增加。此类立法规定了可从联邦来源获得拨款,但联邦立法的作用并不能超越州一级的主要立法。总体说来,各州的立法还是占据主要地位和作用,州立法的法律条文允许建立图书馆,规定图书馆财务,并制定地方图书馆管理规则。公共图书馆的图书馆员和受托人都必须熟悉法律的各个方面,这一点至关重要。图书馆法律法规不仅指明了必须做什么和不应该做什么,

---

[1] Terry.D. Webb. *Public library organization and structure*[M]. Jefferson, N.C.: McFarland, 1989.

[2] 刘朱胜. 美国公共图书馆法研究 [J]. 图书馆, 2012(3): 1-7.

第4章 美国城镇与乡村基层图书馆管理与服务研究

还指明了可以做什么。他们需要了解法律本身,包括不同级别的法规,如州一级的立法和行政法规、联邦法律和地方条例和法规等。图书馆工作人员还需要跟踪立法进展,还要继续进行民众支持率的游说工作,直到确保有足够的资金支持。通常,对法律和地方政府程序的了解将为当地社区图书馆员采取行动提供新的可能性。值得一提的是,图书馆也可能需要与当地政府建立各种正式和非正式的关系。这些关系可能很近,也可能有些遥远。公共图书馆可由具有法定权力的董事会管理;在另一种情况下,公共图书馆可能是市政府的一个部门,董事会负责咨询管理而不是负责法务工作。虽然公共图书馆通常根据特别规定的法律在运作,其行政结构可能与其他地方服务机构不同,但它仍然是地方政府的一部分,因为图书馆与其他公共机构一样主要由地方税收支持。

就美国城镇和乡村图书馆而言,他们一般都遵循当地或适用于州内的图书馆法,依据州图书馆法进行相关图书馆活动,推动当地城镇和乡村社区图书馆事业发展。因此,笔者在本书主要介绍与城镇和乡村社区图书馆密切相关的州及其联邦图书馆法。在落实法律的规定时,美国大多数的州议会都授权设立州图书馆委员会去制定相关的政策和执行细则。又因美国的人口分布广泛,各州再授权它的县(也称郡)或市级单位的议会成立当地的图书馆委员会直接负责推动各地区的事务。县或市级的图书馆主管单位的职权虽然有限,但却对区内图书馆的日常运作有很直接的影响。从美国图书馆法的产生过程来看,法律的产生、制定、实施和落实是通过三个政府部门(州-县-市)完成的。所以,在这个架构下,美国的图书馆法可说是"三权"分立下的产物。而在美国的法律体系下,可以监督和影响图书馆业务的法律,除了专门的图书馆法外,它还散见于教育法、合同法、侵权法、物权法、家事法、青少年法、劳工法及税法等法规之中。这些与图书馆运作相关的法规,有的来自联邦,有的来自地方。因此,要了解、寻找或引用美国的图书馆法,不能只单独看图书馆法一项,还需参照其他可能影响图书馆的各类法律，包括宪法、联邦法、州法、地方法规以及各级政府机关的行政法规[1]。

到目前为止，并不是在美国每一个州都有明文规定的公共图书馆法，例如：北达科他州的图书馆法就散见于州政府类的法律之中[2]；而宾夕法尼亚州的图书馆法则是独立成一类目称为图书馆法典（Library Code of 1961），不归类于其他法律之下[3]；但是由于图书馆常被视为教育机构的重要组成部分，因此，较常见的现象是图书馆法隶属于教育法内，如马里兰州的图书馆法就归属于教育法下的第23章[4]。在美国，虽然各州及地方都有独立的立法和规章，但这些立法和规章都具有以下的共同点：①公共图书馆立法方向上的趋同性，包括明确规定州政府对公共图书馆的设立和发展是一项既定的公共政策、以法律手段保障公共图书馆的设立和规范公共图书馆的服务方向，以利于发展图书馆事业、为公共图书馆的经费 – 人员 – 建筑设施和馆藏等配置方式提供最低的基本保障等；②立法体例上的趋同性，包括阐述州政府设立图书馆的政策和依据，并明确授权地方政府（含县、市、乡、镇或学区）设立图书馆的方式、授权政府可为建设图书馆抽税、规定图书馆经费问题、规定图书馆开展免费服务、规定图书馆的管治架构和方式、对违反规则的处罚、规定图书馆必须有年度报告、规定开展馆际合作、规定州政府出版物（文献）的收藏、图书馆人员资格认证等。[5]图书馆法的有关规定促使美国众多的社区设立当地的公共图书馆，并且随着社区人

---

[1] 刘朱胜. 美国公共图书馆法研究[J]. 图书馆，2012（3）：1-7.

[2] 北达科他州图书馆法[EB/OL].[2012-12-02].State Library Commission, N. D. Cent.Code § 54-24（2011），http：//www. Legis. nd. gov / cencode / t54. html.

[3] Pennsylvania Library Laws[EB/OL].[2012-12-02].http：// www. Portal. State.pa. us / portal / server. pt / community / library _ re-sources /8722 / pennsylvania_ library _ laws /524625.

[4] Education，Title 23. Libraries，Subtitle 1.State Library Agencies，Md. Code Ann, Edu.Law23-104（2011）[EB/OL]. [2022-12-20].http：// www. Lexisnexis.com/hottopics/mdcode/.

[5] 刘朱胜. 美国公共图书馆法研究[J]. 图书馆，2012（3）：1-7.

第4章 美国城镇与乡村基层图书馆管理与服务研究

口的增加,逐步建立由小到大的固定借阅处、图书站、分馆,藏书也随之增加,以保障人们平等利用图书馆资源的权利。

美国公共图书馆立法进程主要包括以下几个重要阶段,美国城镇与乡村图书馆的立法进程也融入其中。

第一阶段(19世纪中期到20世纪中期),立法的萌芽和建立发展阶段。1848年马萨诸塞州成为第一个以立法方式通过授权市政府建立以税金资助的图书馆的州,并可以自行决定其管理方式。[1]1850年波士顿公共图书馆获得税收资金支持,开始向公民开放。波士顿公共图书馆是马萨诸塞州甚至是真正意义上全美第一个获得税金资助的市立图书馆,因此,波士顿的图书馆立法和管理模式成为后来成立的公共图书馆效仿的对象。新罕布什尔州于1849年成为第一个立法允许地方的市镇政府可以依法拨款设立图书馆的州。新罕布什尔州的法律也同时容许拨款购置图书和支持日常的营运开支,对本地居民免费开放,接受捐赠和收集州政府的出版物。到1922年,全美的48个州中,有38个州已经成立了州的图书馆管理机构。尽管每个州的公共图书馆管理架构和职责有所差别,但是重要的是立法趋势显示出各州政府已经逐渐认识到支持公共图书馆的发展是政府工作的重要组成部分。美国各州的公共图书馆立法工作在19世纪末都已相继开展,进入20世纪后的立法工作都是以完善和深化各类法律为主。具体到县图书馆立法方面,其立法程序和活动是在州立法活动之后陆续展开的。19世纪末的公共图书馆法律多集中为人口较为密集的大型市镇而设,但在20世纪初以后,立法活动的方向开始以县为目标,力求覆盖农村人口。图书馆立法活动在美国城镇和农村广泛开展是在20世纪初期(1910-1925),因

---

[1] Wayne A. Wiegand, United States. In R. Wedgeworth (ed.) .*World Encyclopedia of Library and Information Services*, (3rd ed.) [M]. Chicago:American Library Association, 1993:840-844.

为加利福尼亚州的县图书馆服务已经引起了图书馆界的广泛关注[1]。加州的县级图书馆体系很发达，图书馆的各项政策也很详细和规范，在当时全美都有很深的影响力。加州县图书馆法的成功运作，使得其他几个州开始借鉴，若干县已经尝试将加州的县图书馆法模式引进，尽管有的州一开始并没有采用，但后来多次引起各个县的立法会的关注。值得注意的是，除了新英格兰州不是县政府为单位而是采用了自治乡镇的方式，其他县域行政的县图书馆的法律都逐步实施开来。在大多数州社区图书馆的立法管理权力属于县理事会或在县法院，他们为县图书馆的建立，无论是自愿或选举明确了纳税人及纳税的数量后，逐步开展图书馆立法的相关活动，并最终将法律运用于图书馆发展实践。[2]

第二阶段（20世纪中期以来到20世纪90年代），立法完善和完备阶段。在图书馆发展早期，美国各州都有自己的法律针对本地区开展规范，国家级的法律出台比较晚。20世纪中期以来，美国开始注重国家联邦级法律法规的建设。1943年，美国政府制定了公共图书馆标准，这标志着政府开始注重公共图书馆的教育功能，并提高公共图书馆的服务质量，积极组织公共图书馆的服务[3]。具有标志意义和里程碑意义的是1948年《国家公共图书馆服务计划》(A National plan for public library service)[4]以及1950年的全美性质的调查报告《公共图书馆需求》(Public library inquiry)[5]的颁布

---

[1] Harriet Catherine Long. *County library service*[M]. Chicago American Library Association, 1925：31-33.

[2] Harriet Catherine Long. *County library service*[M]. Chicago American Library Association, 1925：35.

[3] American Library Association. *Committee on Post-War Planning, Standards for Public Libraries*[M]. Chicago：American Library Association, 1943.

[4] American Library Association.*A National Plan for Public Library Service*[M]. Chicago: American Library Association,1948.

[5] Robert D. Leigh. *The Public Library in the United States*[M].New York：Columbia University Press, 1950.

第 4 章　美国城镇与乡村基层图书馆管理与服务研究

实施,从而在很大程度上推进了公共图书馆尤其是社区图书馆服务的发展,也为 1956 年《图书馆服务法案》(Library Services Act)的制定和施行奠定了基础。1956 年,国会通过了《图书馆服务和建筑法案》(Library Services and Construction Act,LSCA),联邦政府开始向公共图书馆直接提供资金。1964 年美国又颁布了《图书馆服务与建筑法》,该法案向各州提供图书馆基金,资助图书馆项目研究,同时提出图书馆服务的要求。各州、各大城市也有相应的图书馆法案,不同层次的法案保障了图书馆服务的发展,也确保了美国图书馆建设的公平性、科学性和合理性[1]。1996 年通过的《图书馆服务和技术法案》(Library Services and Technology Act,LSTA),是在过去的 LSCA 和其他有关立法的基础上形成的。1996 年 9 月 30 日美国总统克林顿签署法令《全面拨款法案》(Omnibus Consolidated Appropriations Act,1997 - H.R. 3610,P. L. 104-208),其中的《劳动部、卫生部、教育部和其他有关机构拨款法案》(Departments of Labor, Health and Human Services, and Education, and Related Agencies Appropriations Act, 1997),LSCA 以及过去的《高等教育法案》(HEA-Higher Education Act)和《中小学教育法案》(ESEA-Elementary and Secondary Education Act)中与图书馆拨款有关的条款都被合并到 LSTA 中,将原来的博物馆服务机构(IMS-Institute of Museum Services)扩大为博物馆和图书馆服务机构(IMLS-Institute of Museum and Library Services),负责该法案的经费管理。1997 年的《博物馆和图书馆服务技术和一致修正案》(Museum and Library Services Technical and Conforming Amendments of 1997,P. L. 105-128)对 LSTA 进行了补充,使得该法案包括了专业图书馆(公共图书馆、中小学图书馆、大学图书馆和研究图书馆以外的其他图书馆),并对经费的分配比例做了具体的规定。LSTA 州基金分配到各州,由各州自己分配,决定用于何处。但是必须用

---

[1] 美国公共图书馆管理模式及启示 [EB/OL].[2022-12-20].http：//club.topsage.com/thread-1617174-1-1.html.

于如下两个主要目的：第一，发展和改善电子和其他网络，连接图书馆服务和资源的提供者和使用者；第二，重视向未受到良好服务或者没有良好条件的公众（例如残疾人、文盲、贫困家庭的少年儿童）的服务。以北卡罗来纳州为例，1999年度该州图书馆共获得889847美元的拨款，用于90个项目；其中533834美元用于59个公共图书馆项目，7390美元用于4个中小学图书馆项目，348623美元用于27个大学图书馆项目，76个项目为计算机和通信方面的项目，14个为其他特定的项目。然而，全国各图书馆通过LSTA这一法案获得的经费只占其经费的很小一部分，主要用于一些项目的运作。[1]

第三阶段（20世纪90年代以来），随着新兴科技和信息高速公路的发展，公共图书馆的发展也与时俱进。此方面的相关法案和条例主要见诸美国信息和网络计划发展当中，重点补助对象是农村及各基层社区。与此相关的代表性法律法规有克林顿总统时期的信息高速公路条例、奥巴马总统时期的《2009复苏和再投资法案》、国家宽带网络计划及各州的宽带网络项目（详见第5章5.3.1）。2010年12月14日，美国众议院口头表决通过《博物馆和图书馆服务法案》（*Museum and Library Services Act*，MLSA），该法案被提交给奥巴马总统签署，而后成为法律，公共图书馆开始与博物馆的相关统计业务等融为一体。总之，这些法案在不同程度上推动了社区图书馆网络化的发展。

总之，公共图书馆和学校一样，是承担社会教育责任的机构，也是造福于整个社会的公共场所，因此得到了公众的大力支持，并集中体现在州法律、图书馆章程之中。公共图书馆的治理与所有治理一样，都依赖于法律、法规和习俗。一般的图书馆是根据国家授权型立法设立的；也就是说，虽然立法没有要求建立图书馆，但它规定了图书馆存在的运作条件。对于

---

[1] Gu Ben. A brief instruction to Library Service in U.S.A [J]. *Journal of National Library of China*, Vol.8, No.3, Sep.1999. http : //www.bengu.cn/homepage/paper/paper70.html.

第 4 章　美国城镇与乡村基层图书馆管理与服务研究

专门的图书馆法而言,美国各州州图书馆法在细节方面也存在差异;有些州图书馆法不是在专门的图书馆法中体现,而是在其他行政法规和法规中体现。总之,美国多种类型完善的图书馆法律体系,最终也促使美国基层图书馆有保障、有依据地向前发展。

4.2.3　美国城镇与乡村基层图书馆的行政管理

从图书馆产生的历史意义上看,图书馆正式形成主要是由于馆藏管理的发展,而不是由于组织理论科学方法的出现。20 世纪 30—40 年代,图书馆科学管理的因素主要有:其一,评价图书馆馆藏、操作和表现的相关标准的引进。其二,部门间不同职业严格定义和法律文化的形成。而部门的重组和重分是图书馆为了提高效率比较常见的一种方式。[1] 总之,无论何种情况下,图书馆的行政组织模式都应该保证有一个组织能够在法律的条款和法定的流程下实施开展图书馆的活动。[2] 由于美国各州和国家立法者的影响力各不相同,他们的政治权力与服务年限、主要委员会成员资格以及人脉和利益交换密切相关。作为公共事业的一部分,公共图书馆必须在各个层面上参与影响其本地管辖权的几个方面。关于美国城镇和乡村基层图书馆行政管理的若干,本书主要分为以下内容论述:

其一,内部组织管理。美国城镇和乡村基层图书馆内部组织主要包括各个行政岗位的设置以及人员组织结构。美国社区公共图书馆是个重要的机构,在社区中承担着多种角色和职能。因此,这必然要求各个行政岗位和所有图书馆员不仅要把图书馆的发展定位放在居民看书读报的需求,也应注重社区信息发展、继续教育、民众就业等多方面的发展。一般来说,对于大型图书馆来说,管理者最好是具有图书馆学学科背景的职业管理者;

---

[1] T.D.Webb. *Public library organization and structure* [M]. North Carolina McFarland &Company Inc, 1989 : 11.

[2] Terry.D.Webb.*Public library organization and structure*[M]. Jefferson, N.C : McFarland, 1989.

在美国，对于大部分小型城镇和乡村社区图书馆来说，图书馆管理者本身就是图书馆馆长。而不论在什么样的业务岗位，美国的图书馆馆员都愿意把所有的热情和精力都放在为图书馆服务上面，图书馆员及其服务在社区的发展起到了至关重要的作用。

具体到美国城镇与乡村基层图书馆工作人员来讲，不论大小城镇和乡村图书馆馆长都是具有专业图书情报学硕士学位或者美国 ALA 取得职业资格认证的馆员。而其他工作人员有一部分是专业图书馆馆员，他们一般是全职供职于图书馆；而另一部分是兼职图书馆馆员，兼职图书馆馆员都是聘用制，机构与个人之间是契约管理，各层次工作人员按职位说明书确定的职责，向社会公开招聘，按相应的职位薪酬签订合同，工作人员社会保险完善，保持社会人的身份。城镇和乡村公共图书馆的工作人员的职责、薪酬等级、岗位设置等均由州政府相关法律规定或者图书馆委员会认可后确定，并在馆内公开。城镇和乡村图书馆馆长的基本职责是处理馆内人事、财务、馆藏建设、设备购置及各种活动安排等业务管理，充当图书馆委员会的专业顾问（或担任委员）会议的职员代表；向图书馆委员会报告拟定新政策的要求并执行委员会制定的政策，同时向图书馆工作人员和社区居民宣传解释有关的政策；协调和执行图书馆委员会制定的图书馆长远发展计划，并适时地向政府委员会、图书馆员工和当地居民提交有关报告；配合图书馆委员会拟定每年的图书馆预算需求，向委员会汇报预算执行情况，向委员会报告特殊的财务需求；让图书馆委员会了解本地区、州和联邦的图书馆法和相关条例，包括正在拟议中的图书馆法令。[1]

此外，在美国的城镇和乡村基层图书馆中，还活跃着很大一部分志愿者，他们对于美国公共图书馆的发展起到了很大的促进作用。志愿者在公共图书馆服务，已经成为一种常态。尤其是对社区图书馆来说，志愿者的

---

[1] How to start a public library. DR. G. E. WIRE.Worcester County Law Library[M]. American Library Association Publishing Board 2'8 East Washington Street, Chicago, 1913.

第4章 美国城镇与乡村基层图书馆管理与服务研究

"义务"服务在很大程度上弥补了社区图书馆财政支出危机,有效缓解了社区图书馆事业劳动力不足的状态。在美国偏远地区的社区图书馆,志愿者在图书馆工作人员中所占比例很高。社区图书馆志愿者的服务时间一般比较固定,从常年来看时间分配比较平均化和长期化。服务岗位也比较多样化,志愿者根据自己特长,经过图书馆培训后可以胜任多个部门的工作;而相比较大型图书馆的志愿者,他们的志愿者服务时间主要集中在暑假或寒假等假期,一般集中在图书馆读书项目或者计算机培训等专门服务项目的活动。

其二,图书馆委员会。美国城镇和乡村基层图书馆的行政管理模式是依照法律支持的模式组建而成,除了有一般的图书馆管理人员,还有图书馆委员会。因为当一个图书馆获得图书馆法律的支持以及税收的支持以后,就是同时组建图书馆委员会,图书馆委员会是美国公共图书馆的必要组成部分。在美国,各级图书馆都有相应的图书馆委员会代理政府行使管理职能。总体来讲,图书馆委员会是宏观的指导性机构,各城市和镇都有相应的图书馆委员会负责本行政区划内的公共图书馆的规划、指导和管理,其职责更为具体。以伊利诺伊州厄巴纳镇图书馆委员会为例,该委员会由九名成员组成,任职分别有主席、副主席、财务主管以及其他成员。[1] 该镇的公共图书馆除了预算由州政府依据该镇图书馆法案和其他相关的图书馆条例审核划拨之外,其任务、目标和政策均由图书馆委员会确定,馆长的招聘与考核也由图书馆委员会完成,图书馆工作人员的数量、工作报酬的等级、岗位职责等项内容均由图书馆委员会最后确定,该委员会针对图书馆的所有社会管理行为都依据图书馆法和其他相关条例进行,图书馆的服务成效由该委员会考评确认之后,由图书馆馆长直接向市长汇报。图书馆委员会成员基本上是一种荣誉职位,没有特别的待遇和行政级别,而且图

---

[1] Board of Trustees[EB/OL].[2012-12-28]. http://urbanafreelibrary.org/board-trustees.

书馆委员会成员都不拿工资，或者只接受很少的一部分地方象征性的补助。此外，他们都有一定（通常三到五年）的任期。

图书馆委员会的规模通常由法律规定。规模过大的小组在处理业务时效率较低，如果其规模无法改变，则必须将其划分为若干工作委员会，以保障其高效运作。另外，从人员组成结构来看，图书馆委员会通常由非专业图书馆人员组成。作为非专业图书馆人士，委员会成员在其各自的工作领域都是专家，如果他们想了解图书馆事务，就必须接受定向和持续的图书馆专业教育。无论其存在的历史或法律基础如何，图书馆委员会由代表其所在社区各部分观点的人员组成，并充分考虑社区的整体需求，旨在代表社区人民。一个积极主动的图书馆委员会将寻求通过旨在满足其确定需求的特别服务，尤其是尽量覆盖到目前尚未得到服务的人，满足其信息需求。

其三，有助于城镇和乡村图书馆发展的其他机构。"图书馆之友"和"图书馆基金会"是有助于图书馆管理并支持社区图书馆发展的机构。图书馆之友和图书馆基金会成立的主要作用在于：搭建一个社会和图书馆交流平台，通过募捐和影响政府的决策来支持图书馆的发展。从一定意义上说图书馆之友和图书馆基金会的存在和发展是美国城镇与乡村基层图书馆能够持续发展的重要机构。"图书馆之友"的成员构成主要是"一个非营利的社会团体，由热爱图书馆事业的非馆内人士组成，他们是一群重视图书馆、关心图书馆的社会人士和那些利用过图书馆的资源而以精神或物质回馈图书馆的热心人士，主要是经常利用社区图书馆的热心读者、离退休的专业馆员和已经卸任的图书馆委员会人员等"[1]。

总体来讲，在美国不论大型图书馆或者小型的社区图书馆，大部分都有"图书馆之友"这样一种机构。它们独立于图书馆的行政管理之外，主

---

[1] 赵伟娜. 美国"图书馆之友"的发展及其启示 [J]. 新世纪图书馆，2009（1）：82-84.

第4章 美国城镇与乡村基层图书馆管理与服务研究

要职责是通过义卖、拉拢社会赞助和社会资金、接受个人或者社会团体捐赠等形式募捐图书馆持续发展的资金。资金主要用途在于,为图书馆预算中所不包含的项目而筹款(如建设新馆、添购设备等)、充实图书馆馆藏并提升图书馆的服务质量、增进图书馆的公共关系、支持图书馆项目开展等。自从1979年美国成立了全国性的"图书馆之友"组织,美国各州及地方性的"图书馆之友"组织得到更加正规化和常态化的发展,从一定程度上也有效弥补了图书馆发展资金不足的状况[1]。至于图书馆基金会,它与图书馆之友总体上有着相似的功能,但还是有很大区别。图书馆基金会实力更为强大,主要着眼于图书馆未来有远见的发展。与图书馆之友相比较,图书馆基金会能够通过更高端的活动筹措更多的资金,例如通过重大的捐赠活动、实施较大的计划和运动、拉取较大的赞助活动资金[2]。

从城镇和乡村图书馆的外部来说,美国的行业协会(学会)对城镇和乡村基层图书馆的影响也很大。其中,最大和最权威的协会机构是美国图书馆协会(The American Library Association,ALA)。ALA成立于1876年,是世界上历史最悠久、规模最大的图书馆协会,其使命是"为图书馆和信息服务以及图书馆学专业的发展、促进和改进提供领导,以加强学习并确保获取全部信息"。在2018年秋季会议上,ALA执行委员会重新确定了其发展的四个战略方向:(1)倡导;(2)信息政策;(3)专业和领导力发展;(4)公平、多元化和包容性。ALA由美国51个州图书馆分会等构成,主要从事图书馆工作人员从业资格的确定、图书馆学院教育资格的认证等工作。

ALA下设PLA(Public Library Association,公共图书馆协会),它成立于1944年,实行会员制。PLA除了常规的美国图书馆协会的重点工作领域图书馆员培训、图书馆法和图书馆标准的制定、出版编辑、图书馆合作

---

[1] 美国图书馆之友相关介绍 [EB/OL].[2022-9-16].http://www.ala.org/united/.

[2] United for Libraries Resources for Library Foundations [EB/OL].[2013-2-23]http://www.ala.org/united/foundations.

（如联合分类、联合编目、建立联合目录、馆际互借等）、促进馆藏建设和信息检索、推进图书馆自动化网络化数字化发展、促进国际图书馆交流等，PLA 对于美国全国范围的公共图书馆系统有着重大的实践指导意义，同时对于社区图书馆工作的规范化发展也起到了关键的作用。在美国，图书馆协会（学会）是非营利性机构，经费自筹，能够做到这点的原因是协会（学会）拥有独立运作的实际权力和在学界的崇高权威。作为一个非营利性的第三方组织，ALA 和 PLA 在促进美国公共图书馆发展上起到了重大的促进作用。在美国公共图书馆历史上两件标志性事件，除了 1848 年波士顿第一所立法支持的公共图书馆建立以来这件重大事件，就是美国图书馆协会的成立。一百多年来，美国图书馆协会为城镇和乡村基层图书馆的发展提供了专业的指导平台，也为社区图书馆管理人员的培训、指导提供了专业的人才支撑条件。

4.2.4 美国城镇与乡村基层图书馆的经费来源

美国城镇与乡村公共图书馆的经费主要来自政府财政，由联邦政府、州政府和城镇或乡村当地政府共同支付。一般来讲，各级政府投入经费比例不一，联邦和州政府投入得较少，地方投入得较多，例如，某图书馆各级政府比例依次为联邦 0.4%、州 7.5%、地方 84.2%。从经费比例分配中我们可以看到地方财政对于当地图书馆的经费支持占据主导地位。其余经费则主要来自社会捐助等途径。[1] 一般来说，联邦政府税金以专项资助和一般资助的方式下拨到各州，各州政府征收的税金连同联邦政府的部分税金再通过州立图书馆评估以转移支付的方式下拨到各县、市立地方公共图书馆。美国城镇和乡村图书馆的发展主要依靠当地社区政府的税收，社区图书馆的发展好坏与否主要依靠当地的支持程度，而当地图书馆经费与服务质量有着很大的关系——经费的多少也直接决定了服务质量。以伊利诺

---

[1] 刘璇. 美国公共图书馆经费保障制度研究 [J]. 中国图书馆学报，2012（11）：47-57.

第4章 美国城镇与乡村基层图书馆管理与服务研究

伊州香槟县下的香槟市为例，香槟市公共图书馆的经费主要来自以下几个方面：一是香槟市政经费，香槟市政府每年将全市财政收入的6%用于香槟公共图书馆的建设；二是伊利诺伊州财政经费，如果图书馆的开放时间、服务内容、馆藏及馆际协作等达到州图书馆的评估要求，就能获得这部分经费；三是联邦政府的经费，这部分经费主要用于图书馆的专项建设；四是基金会筹集的经费，例如，2021年香槟公共图书馆筹到来自"图书馆之友"和"香槟图书馆基金会"两个项目的21万多美元的捐赠收入，政府不会因筹款的多少而减少财政经费的投入。这四部分经费，以当地香槟市政经费为主，其他部分为辅。由于市政经费来自纳税人的税收，拨付图书馆的经费强调必须落实在图书馆所做的各项服务中。[1]

具体来讲，我们对美国城镇与乡村基层图书馆经费来源情况，做出以下分析：

其一，争取政府拨款。不同等级的政府（包括联邦政府、县政府和市政府）拨款是社区公共图书馆经费的主要来源。政府的财政拨款都来自税收，尤其是地方（县、市）税收对于城镇和乡村地方图书馆经费支持比率最高，因此便有了"谁付费谁受益"的原则，一个社区的公共图书馆基本服务于该社区。通常在一个城镇图书馆中，外界读者如果没有在此居住凭证，这些用户的某些图书馆使用权限会受到一定限制。另外，在美国收入低的人实行税收免交原则，甚至是"负数"的个人收入税。因此，当地图书馆对这些人的服务是一种"福利"。

由于经济波动和各地财政支出日益庞大，图书馆经费也成了最容易被削减甚至砍掉的项目之一。近年来，美国各地城镇和乡村图书馆经费日益不足的消息频繁出现在报刊上。而图书馆经费的多少，并不主要由一个州的经济实力决定，而是"利益集团"游说的结果。这也是美国政治和美国

---

[1] Champaign public library Budget & Salary[EB/OL].[2022-9-17].https：//champaign.org/about/budget-salary.

行政管理的一大特点。例如，美国当地很多公共图书馆以争取选票的途径来赢得经费。很多地方的图书馆委员会的一项重要工作就是专门游说当地政府议员或者领导决策者。为了拉取更多的经费支持，这些图书馆委员会成员或者图书馆支持者通过大量"口号""行动纲领"向当地政府强调和宣传，起到宣传公关效果以影响当地政府的决策。每年当地政府开会讨论预算时，这些积极的图书馆支持者就组织图书馆的工作人员和热心的读者参与旁听当地的会议或者甚至在会议厅外集会，要求进行新馆扩建或增加图书馆运营费用，迫使当地政府增加对图书馆的财政支持。从根本上来说，各个社区的图书馆必须依靠当地民众的支持，以增加税收或者其他专项拨款来取得图书馆发展的资金。图书馆支持者为了使自己的议案能顺利通过，都要做大量细致的"拉票"工作。美国当地政府每隔一段时间，都要对其所辖区内的公共事务进行讨论，并通过投票方式，决定其方案实施。例如，伊利诺伊州香槟市厄巴纳镇图书馆的一位前馆长在 2012 年曾向笔者介绍了她们的经历。早在选举日前 10 个月，各项工作就开始展开了。先是分析社区居民的构成、选举偏好，当年所要公决的各种议案；然后做预算，设计标识，定做各种标语和宣传品；此后将"游说"居民的工作落实到每一个人，用电话一位一位联系；广告宣传也是按部就班进行，先是户外广告，然后报刊，最后离选举还有一周的时候是密集的当地广播电视广告。这位馆长还得意地讲，她们甚至动员了一家比萨饼店利用送外卖的时候，顺便派送图书馆的宣传品。等到选举那天，图书馆的工作人员要驾车接送那些行动不便的居民去投票，为有小孩的家庭提供临时看护服务，以使大人能抽身去投票，还要随时跟踪选举情况，打电话给那些登记了但还未投票的居民。可以说，总体来讲整个图书馆拉选票的操作流程不亚于总统竞选。

其二，拉动社会捐助。自从 19 世纪美国第一所靠税收支持的图书馆建立以来，私人支持图书馆的发展一直在美国图书馆事业当中扮演着重要

第 4 章　美国城镇与乡村基层图书馆管理与服务研究

的角色。19 世纪后半期以来，私人慈善事业更是大大刺激公共图书馆运动的发展。诸如一些对图书馆发展的捐赠者赫赫有名，尤其是安德鲁·卡内基是对美国基层图书馆运动起到重要作用的慈善事业支持者。卡内基所捐助的公共图书馆绝大多数是城镇或乡村社区图书馆，从而为美国社区图书馆的普遍发展奠定了坚实基础。在 20 世纪 60 年代，美国图书馆服务法颁布以后，更是推动了图书馆的发展。但是，到了 20 世纪 80 年代以后，随着联邦政府减少对公共图书馆的拨款，图书馆又开始寻找一些私人资金的支持。美国富豪微软创始人比尔·盖茨也对美国公共图书馆事业慷慨解囊。1995 年起，微软公司就开始探索图书馆上网的解决方案。1997 年比尔·盖茨和夫人一起设立了比尔·盖茨和梅琳达基金（Bill & Melinda Gates Foundation）。该基金用于低收入地区公共图书馆添置计算机和网络设备，以及图书馆管理人员计算机知识的培训。

少数人可能会担心，社区图书馆如果接受过多的私人筹款，那么它可能导致减少税收支持甚至可以取代税款。但正常来讲，私人捐赠或社会捐赠都不会影响政府对图书馆的财政支持，反而积极募集私人资金有助于图书馆的长远发展，更有助于完善图书馆服务。因此，私人筹款是重要的，因为它对于图书馆来讲，能够通过拓展服务项目满足社区居民的特殊需求，并获得宝贵的民众支持。总之，图书馆使用筹款，以帮助减少其营运成本，同时也改善公共关系。自从 20 世纪 70 年代以来，由于有些州政府对图书馆的拨款削减，小城镇的图书馆馆长们开始考虑转变自己的角色，从单纯的管理者变为公共关系行家，想方设法募集更多的资金，用于一些新的项目。正如一位小城镇馆长所说的那样，"有些公司并不是不愿意给钱，但是关键在于你如何去要钱，如何去交朋友"。总之，当地社区公共图书馆探索各种形式的筹款活动，以补充税款不足的差距。

慈善捐赠在城镇和乡村图书馆发展当中也一直扮演着重要的角色，美国很多图书馆都在持续地接受着社会的捐赠。波士顿学院社会福利研究机构估测到 2052 年大概有 41 万亿到 136 万亿美元将会转手，因此筹款顾问罗伯特·夏普称这一时期为"美国的财富转移"时代。目前，美国正经历前所未有的财富转移时代，一些富翁将大量财富转移为慈善事业基金。并且在未来 50 年左右这种财富转移状况将持续下去。公共图书馆如果能很好地受益于慈善事业的黄金时代，这将使得很多图书馆项目和服务得到很好的开展。大部分的慈善捐助者选择在生命的尽头将财富进行捐赠，他们将不动产或者其他财富转化成票据的形式作为遗嘱进行捐助。这也是美国财富转移的主要途径。

根据罗伯特·夏普的描述，美国的财富转移将分为三个阶段。

第一阶段财富转移发生在 2000 年左右。这一阶段的捐赠者出生在 1910 年到 1925 年之间。随着美国人寿命逐渐变长，有很多已经达到了百岁以上。这一阶段的财富转移大概持续到 2025 年。这一时期捐赠者的特点是他们都是诸如国家证券发行者的美国经济学家的后代。他们经历了 20 世纪美国股票危机、经济大萧条时期，因此知道财富来之不易，更懂得节俭。比较有趣的是，大部分的捐赠者是女性，因为根据科学研究表明女性比男性平均寿命要多 7 岁。根据罗伯特·夏普的分析，这些捐赠者当中女性比男性多出 3 倍，而且这些捐赠者 53% 是超过 62 岁的独身女性。

第二阶段美国财富的转移情况：这一时期的捐赠者出生于 1926 年到 1936 年之间，他们的捐赠开始于 2009 年左右，将会持续到 2036 年。他们的特点是"沉默"或者"摇摆"的一代，但懂得向非营利性机构提供慷慨帮助。部分原因是他们一生小有成就，而且不需要为子女的生活担忧。此阶段的捐赠者他们数量众多而且捐赠总额也较大。这是由于城市化和工业化的普遍发展，人们的财富值也与日俱增。这个阶段的人几乎都会用遗赠转移他们的财富，他们的首选计划是以文书形式的年度慈善捐赠和慈善信托。

第三阶段美国财富转移情况：这个阶段持续比较长一些。这一阶段捐

第4章 美国城镇与乡村基层图书馆管理与服务研究

赠者出生在1937年到1960年之间。他们大概在40岁到60岁之间开始转移他们的财富（以比尔·盖茨为例）。在这个阶段的个人，被形容为"20世纪60年代和70年代的叛逆者，80年代的工作者，90年代的投资者"，其中48%接受过高等教育。加之1943年和1960年是美国的婴儿出生潮时期，他们在美国占据的人口比例较大，他们这一代人目前占美国人口的三分之一，因此慈善捐赠者和捐赠数额也较大[1]。公共图书馆作为美国最普遍的文化机构，取得了广泛的社会信任；同时，面临新时代的经济危机，公共图书馆也正在抓住机遇，争取更多的慈善捐款，以支持公共图书馆体系的可持续发展以及各个服务项目的开展。

ALA的报告中指出，越来越多的图书馆筹款不仅支持正常的图书馆运营，而且转向支持各种图书馆服务和长期项目。城镇和乡村社区图书馆接受的捐助资金，主要用于四个方面：其一，书籍和期刊等资源的购买。其二，特殊项目、延伸服务的开展，如展览、儿童讲故事活动、讲座、电影、图书俱乐部、音乐项目以及计算机辅助服务等。其三，图书馆基本建设。其四，图书馆常规运营和操作[2]。

---

[1] Susan E.Randolph. The promise of the Great American Wealth Transfer for Public Libraries[J]. *Public Libraries*，2005，March：89-94.

[2] Dwight F. Burlingame. Public library and fundraising：not so-strange bedfellows[J].*Library Journal*，1990.

4.3 美国城镇与乡村社区图书馆服务形态研究

4.3.1 总体情况

如前文所述,美国早期的免费公共图书馆(Free Public Library)起源于美国东部的新英格兰自治镇。19世纪初在新英格兰的一些自治镇开始活跃着建立免费公共图书馆的气氛,并有一些实际行动。以1852年波士顿公共图书馆的建立为标志,免费公共图书馆为美国普通民众的广泛阅读开启了具有历史意义的大门。1850年以后,新英格兰地区的马萨诸塞州于1850年、佛蒙特州于1865年、罗德岛州于1867年相继开始通过立法建立免费公共图书馆。19世纪后半期以后随着教育事业逐步得到广泛发展,尤其是市民继续教育得到了很大的发展,人们对于图书馆的需求也越来越强烈。在这个时期,图书馆委员会作为推动公共图书馆发展的重要机构开始兴起,从而在管理体制上很好地保证和促进了美国各州公共图书馆的建立和发展。

20世纪以来,美国公共图书馆才开始注重向城镇和农村地区提供图书馆延伸服务。截至1900年,美国只有两个州存在为农村服务的县图书馆体系。一个是俄亥俄州,另一个是马里兰州。随后威斯康星州和俄勒冈州、明尼苏达州开始了为农村地区服务的县图书馆服务体系。但由于缺乏合理的规划和规范,这些县图书馆服务体系的发展都很缓慢。直到1911年加利福尼亚州的县图书馆开始成功运作之后,美国其他州纷纷效仿,才开始了为县图书馆服务的繁荣发展阶段。在加州的县图书馆体系开展之前已经有零星的城镇图书馆和流动图书馆在各县存在,但是加州县图书馆领导人詹姆斯·吉尔斯(James L.Gills)意识到这些图书馆形式所提供的服务项目和服务能力都是有限的,并不能为城镇和农村居民提供更多更全面的服务,于是才开始了加州全县范围的图书馆服务模式。加州县图书馆最初是以农

第4章 美国城镇与乡村基层图书馆管理与服务研究

村图书馆和城市图书馆合作的方式开展的,其后在州法律的规定下逐步解除合约,开始独立的图书馆发展道路。从1911年加州县图书馆法律颁布到1916年之间,加州的58个县有37个都逐步设立了自己的图书馆体系。1920年俄亥俄州开始效仿加州的发展体系,发展自己的县图书馆体系。在南方各州,县图书馆也逐步开始发展起来。

到20世纪中期,农村和城镇图书馆逐渐开始进入稳定发展阶段,城市图书馆分馆服务也日趋完善。根据卡尔顿·B.乔克尔(Carleton B.Joeckl)的总结描述,当时美国的公共图书馆主要有以下四种形态[1]:第一种,城镇和城市中的小型公共图书馆,这类图书馆只存在城市发展的环境当中。并普遍出现在美国东部的新英格兰自治镇之中。这类图书馆的发展与新英格兰地区的自治环境有着密不可分的关系。第二种,覆盖全州的县与市图书馆合作发展机构。这种形式出现在加利福尼亚州、新泽西州和俄亥俄州。第三种,混合型的图书馆机构。此种形式的图书馆体系出现在纽约地区和中东部一些州。它们位于城市和农村中边缘没有覆盖到图书馆服务的地方。在行政上可能属于多个地区,但彼此合作成立图书馆,为该地区的居民提供服务。第四种,相对落后的地区。部分位于美国南部落后的农村。这与当地的经济模式即落后的种植园经济模式是分不开的,因此文化服务体系发展也相对落后。

从1848年美国第一所免费公共图书馆建立的一百年之后,在美国1948年的调查报告中我们可以得知,当时仍然有四分之一到三分之一(约3500万人)的人口没有享受到公共图书馆服务。由于20世纪中期是美国向基层社区图书馆服务的开始阶段,县图书馆和城镇图书馆在20世纪后半期得到了较快发展,美国普遍的公共图书馆服务体系才开始建立。

---

[1] ALA.*Public library systems in the United States*[M].Chicago,Nelson Associates,1969.

20 世纪 60 年代以后，随着美国各种图书馆服务法案及标准的颁布，在联邦政府和州政府的推动之下，美国公共图书馆开展和加强了各州图书馆服务体系，覆盖全美的网络式的图书馆服务体系才真正完善起来，其服务覆盖的人口日益增多，服务地域日益广泛。以城镇图书馆、农村图书馆、郊区图书馆等社区图书馆形式的图书馆服务在美国各州逐步开展起来。今天，美国社区图书馆的多种服务形式，广泛地服务了广大民众、为民众提供了便捷的服务条件，提升了地区的文化品质和民众的文化素养。总之，社区图书馆的广泛发展和普遍服务，在一个城市或地区增强了社会影响和社会贡献[1]。

4.3.2 美国城镇社区图书馆服务研究

在美国的公共图书馆发展历程当中，大家比较熟知的美国东部新英格兰地区的自治镇（市）是美国社区图书馆普遍发展的典范；因此很多美国图书馆史研究者在美国的公共图书馆发展历程描述中，大力着墨于美国东部城市及其各市镇公共图书馆的发展。然而，大多数公共图书馆的历史研究者忽略了美国东部和美国中西部的社会和文化之间的差异，并认为美国东部地区公共图书馆的发展历史就是美国公共图书馆历史发展的整体。然而，正是由于社会、文化、地理和经济上的差异，公共图书馆的思想发展的不同，美国各地的公共图书馆发展也略有不同。美国东部公共图书馆发展路径基本是由大城市先行发展，逐渐延伸到经济稍微发达的中小城市；而美国中、西部公共图书馆发展较晚，基本上是在美国东部图书馆模式较为固定下来以后，一些思想理念逐渐引入中西部，中西部根据当地的地域、自然特点，并伴随着工业化进程中的文明，不同程度、因地制宜在当地发展起自己的县图书馆体系下的市镇图书馆。

可见，公共图书馆发展早期主要是一些大城市公共图书馆的发展，尤

---

[1] 王世伟.国际大都市图书馆指标体系研究[M].上海：上海科学技术文献出版社，2009：1.

第4章 美国城镇与乡村基层图书馆管理与服务研究

其是在新英格兰地区。那些城市兴起的图书馆，无论是图书馆服务理念还是民众支持图书馆的市民意识都很发达。对于美国其他州城镇图书馆来说，发展轨迹相对缓慢一些。19世纪后半期，其他地区的城镇图书馆发展起来，尤其是在中西部一些州。最早的城镇图书馆可以追溯到19世纪中期，印第安纳州于1852年建立起城镇图书馆，可能是由于公共图书馆思想比其他州都要发达一些，印第安纳州是第一个建立城镇图书馆的州。从1852年之后，其他州城镇图书馆的发展都有很多变化[1]。另外，从某种意义上来讲，美国小城镇公共图书馆的发展与当地经济、文化等发展也是同步进行，甚至也是伴随美国城镇化进程而发展起来的产物，尤其是在20世纪中后期，城镇图书馆伴随着美国经济的快速发展而发展。

除了印第安纳州极少数有关小城镇公共图书馆的分散性案例以外，我们对于美国小城镇的公共图书馆的历史知之甚少，大多是文学性质存在的描写片段或叙事形式。美国佛罗里达州立大学信息学院韦恩·A.威甘德（Wayne A. Wiegand）在2011年对其关于城镇图书馆的著述中，进行了美国中西部农村地区四个小镇图书馆的调研（爱荷华州的Osage城镇；威斯康星州的Rhinelander城镇；明尼苏达州的Sauk Centre城镇；密歇根州的Lexington城镇），不仅细致地描写了当地社区的历史背景和具体发展路径，而且对于城镇图书馆的发展历史研究进行了细致入微的、开创性的研究。同时，从侧面也对当地图书馆发展的文化进行了介绍。这些城镇（小型）公共图书馆的发展缘由和发展路径弥补了以前关于公共图书馆发展背景的权威论证：城镇图书馆的发展并不是前期图书馆史学家主张的民主文化的武器或社会控制机构，而是社区和社会和谐的保障，也是"用户生命中的图书馆（library in the life of the user）"或者是"图书馆生命中的用户（user in the life of the library）"，即城镇图书馆的产生是用户与图书馆两者矛盾自

---

[1] Harriet Catherine Long. *County library service*[M]. Chicago American Library Association, Chicago, 1925: 15.

然发展的结果。

作为小型社区来说，公共图书馆作为当地社区有机组成部分，在用户的社区生活中起着重要的作用。韦恩·A. 威甘德的研究利用新的历史观点和文学观点，提升了社区作为公共空间的许多功能，并从传统社区的历史发展考虑，将当地城镇图书馆与当地历史人文融为一体。这项研究还认为，传统概念下的美国城镇公共图书馆以多种方式发展呈现不一样的路径。在众多城镇的图书馆发展当中，每个图书馆都有一个清晰的发展历史表明地方势力（当地影响势力）如何塑造它并影响它与社会、与外部世界的期望，从而共同推动图书馆与社区的和谐发展。[1]

从美国社会发展进程来看，美国小城镇的公共图书馆和它在社会中所扮演的角色是十分重要的。韦恩·A. 威甘德认为，"公共图书馆对一个特定的小城在特定时间内来说，是当地社区必不可少的"。如上文所述，美国公共图书馆是一个大量使用和无处不在的机构，有接近80%的公共图书馆系统所服务的人口是不超过25000人的小城镇[2]。最宝贵的是，美国当地的每个小城镇都拥有一个公共图书馆；公共图书馆成为城镇中独特而又普遍的一个机构。自从19世纪末期以来，美国城镇公共图书馆体系已经在建立和健全，成为其他国家纷纷效仿的模式。

4.3.3 美国农村社区图书馆服务研究

（1）农村图书馆发展概况

美国第26任总统西奥多·罗斯福早在20世纪初就提出：加强乡村生活，就是加强了民族和国家。罗斯福比以往更多关注农村生活的特殊问

---

[1] Wayne A. Wiegand. Tourist attraction：the Moore library of Lexington, Michigan, 1903—1953[J]. *The Library Quarterly*, 2011, 81（3）: 251–276.

[2] Wayne A. Wiegand. Tourist attraction：the Moore library of Lexington, Michigan, 1903—1953[J]. *The Library Quarterly*, 2011, 81（3）: 251–276.

第4章 美国城镇与乡村基层图书馆管理与服务研究

题。[1] 图书馆服务在教育和文化发展方面对农村生活能够提供更多宝贵的帮助；因此，在美国社会的发展早期，政府就开始有意识扩展农村居民的图书馆设施和图书馆服务。

在20世纪初期的美国，免费农村运送投递系统支持的图书馆流动服务车和逐渐扩展的电话和收音机广播等信息渠道，在不同程度上减少了农村生活的隔离，但是美国农村仍然存在着一些问题——农村居民信息获取的封闭性仍然没有减弱。农村居民与大城市居民相比，仍然存在"交流接触上的限制和头脑思想的局限"。对此，美国学者在1922年做实证研究，他们调研了1338家农户家庭和188家城镇住户，发现当时农村和城镇的居民对于阅读需求虽然有相似之处——他们都阅读日报，并通过邮政系统获取外界信息；但是，与城市居民相比，农村居民在获取信息的方式上更倾向于印刷品读物，农村居民很少通过参加培训活动、教堂活动等信息交流方式或活动途径来获取信息。[2] 由此，我们看出美国20世纪20—30年代开始向农村地区普及公共图书馆服务的背景：当时农场农户信息沟通渠道较少较狭窄，仅限于报纸、期刊等；而且农场农户比较封闭，与外界交流比较少。

除了了解美国农村居民图书馆服务开展的上述背景，我们还应了解当时美国农村居民的阅读需求，这也是当时开展农村图书馆服务的首要条件。20世纪初，在早期美国公共图书馆开展农村服务之初，他们就充分了解到农村生活的特殊性。农村居民与城市居民相比，他们的阅读需求是有许多不同的。他们需要的书籍可能是对农村居民本身有着实际帮助的资料，例如：土壤侵蚀原因的具体信息；怎样建立低成本鸡舍；如何修理汽车或拖

---

[1] Harriet Catherine Long. *County library service*[M]. Chicago American Library Association, 1925：9.

[2] Harriet Catherine Long. *County library service*[M]. Chicago American Library Association, 1925：11.

拉机；如何烹饪；如何照顾婴儿等基本的农业、家政方面的书籍。农民可能需要在这些书本上寻求问题的答案。此外，农村居民也需要一些小册子、杂志和报纸，来了解当前的社会经济和政治问题，这与每个人的生活息息相关。并且人们还需要阅读文学类书籍、人物传记、旅游画册等来开阔视野，陶冶情操。

相对于美国大城市和城镇图书馆来说，在20世纪中期以前的美国图书馆，也只有小部分农村居民可以享受到图书馆服务。20世纪初，在美国3000个县中，只有700多个县具有持续性的县域范围的图书馆服务。一些生活在较小村庄的农民，如果该村没有图书馆，他们想要使用邻村或邻镇图书馆，通常要收取较少的年费。因为美国真正意义的公共图书馆是靠"当地"税收支持，所以对于税收范围外的人口服务自然要收取一部分资金。总之，由于种种限制，到美国20世纪中期仍有很多农村居民没有享受到公共图书馆服务[1]。

在农村图书馆发展服务进程之中，早在1892年纽约就采取了相关立法行动并认识到，农村生活需要图书，早期最直接的服务方式是流动图书馆体系的建立。通过流动服务车（travelling library 或者 bookmobile）向农村和城镇的偏远地区运送图书馆的书籍，以满足当地居民的需求。而随着美国经济发展的支持，公共图书馆体系也得到巩固，农村地区的公共图书馆服务在20世纪后期趋于稳定并在21世纪以来得到了很好的发展，并且大部分农村社区图书馆在现代新技术条件下更好地为社区居民服务。

（2）农村图书馆的整体运作形式和发展情况

对于农村图书馆的发展来说，县图书馆体系是农村图书馆整体发展的协调者和组织领导者。今天在美国的大约200个县，图书馆体系在良好地运作。即使在遥远的太平洋岛夏威夷，县图书馆的服务体系也在仿照加利

---

[1] Rural Public Library Service[R].ALA.1945：2.

第4章 美国城镇与乡村基层图书馆管理与服务研究

福尼亚州县图书馆系统建立之后，繁荣发展起来。

美国县级图书馆的增长发生在美国公共图书馆发展的后期阶段，尽管早期一些州的县图书馆发展积累了一些经验，其中不乏一些相当成功的案例，但也有一些图书馆发展存在着很多问题，县图书馆体系在曲折发展中前进。与服务人口集中的东部城市图书馆有很多不同，县图书馆的发展优先是在西部和中部发起的，它们发展的初衷是服务人口稀少的广大地区，以争取取得最大的服务效益。值得一提的是，县图书馆服务在向农村扩大服务规模的同时，与大城市中心的图书馆分馆运动是同时展开进行的。

但相比较而言，农村图书馆服务发展存在着更多的困难，直到今天农村图书馆发展仍然是美国图书馆服务所面临的最大问题之一。20世纪中期，县图书馆的服务趋势根据当地的条件和民众的主动性，积极展开和行动。[1]1910年12月在萨克拉门托（Sacramento in December, 1910）举行的第一年度县级图书馆的会议中，加利福尼亚州县图书馆领导人詹姆斯·吉利斯（James Gillis）说，"服务于每个人是县图书馆运动的口号，所有的审议和讨论都应该意味着实现这一目标"。同样的第二个会议中，他说，"唯一成功的一件事情是我们已经在提供图书馆服务……为弥补其他图书提供方式的不足，而实行的县免费图书馆服务能够满足所有人的需求，但这也仅仅是公共图书馆运动的一个开始。强调服务是一年前（1910年）我们县图书馆运动的基调，今天仍然是我们的口号。我们不需要利用太多的时间来研究提供服务的方法，而是要想方设法满足各县的需求。最终，能服务于所有的人"。为了响应此次会议的号召，加州的北邻居俄勒冈州于1911年修订该县的县级图书馆法，使县图书馆的建立不受人口规模的限制，并规划了未来几年内该州的几个县级图书馆的成立。20世纪初期以后县图书馆法也逐渐在各个州开始建立，但各州县图书馆活动都不像加利福尼亚州

---

[1] Harriet Catherine Long. *County library service*[M]. Chicago American Library Association, Chicago, 1925: 35.

的县级图书馆的活动具有典型和成功案例作用。

美国各州县图书馆体系发展不尽相同。一般来说，县图书馆都是由县特别规定指出一个图书馆委员会来管理，但在县图书馆发展当中，也有很多特例，例如加利福尼亚州、蒙大拿州和田纳西州则是直接在县委员会的直辖之下进行管理。所以这些县的图书馆税收不是交给当地政府，而是直接交给县政府来统一支配。在早期的县级图书馆组织的规定下，大部分州是按照图书馆法律的规定——县图书馆的服务是从与城市图书馆服务合作开始的，但整个县图书馆服务范围最终是要大于城市图书馆的服务范围。正确签订城市与县图书馆之间的合同，就能够建立起一个满意的县图书馆服务系统。对于市和县，它们之间应该提供一个强有力的机构，积累一定的资源，并有明确的法律依据。因为城市图书馆建立比较早，有着较多的资源和工作积累，从一开始就更完整。

另一方面，图书馆服务的开展必须有透彻理解的法规，图书馆法规将会影响到县图书馆服务的持续开展。在县图书馆体系发展起草合同时，必须认识到这是完整的图书馆服务，必须要以县图书馆法律法规为基础，应谨慎考虑到任何会妨碍或限制图书馆服务发展的政策[1]。尽管如此，在县图书馆与市图书馆合作发展早期仍会出现一些问题，诸如：县级资金购买的书籍所有权在哪里？是归属市（镇）图书馆还是县图书馆本身？这应该在合同中出现吗？根据合同规定的条款，其中有一般的县级图书馆税，也有单独的市图书馆税，这必将导致县（市）财产的最终分离。事实上，在1919年威斯康星州调查中呈现的民意，"如果被授权的董事会成员任命为县董事成员，县级董事会就会拨款补助城镇、村庄和市。此种情况，县图书馆的整体服务似乎是可取的（这样的情况是税率和财产不分），此时权

---

[1] Harriet Catherine Long. *County library service*[M]. Chicago American Library Association, 1925：67.

第 4 章 美国城镇与乡村基层图书馆管理与服务研究

威位于章程之上,没有单纯的合同可以影响它"[1]。县图书馆与市图书馆合作也有一定的时间期限,比如一年、两年或者五年的期限。在有些合同中,我们发现将具体提及的法规授权的公共图书馆董事会职能列入合同是不必要的重复,因为立法机关已经授予了相关的权力。

此外,在若干县,合同里面已经规定了当地社区承担分馆的房屋和设备建设。总之,县域范围内的长期合同中必须把所有可能出现的诸如财政、建筑等问题,都提前在合同中规定下来。一般市图书馆和县董事会之间的服务合同的基本特征如下:(1)保障双方的利益一致性和服务操作的灵活性;(2)市、县图书馆服务的统一;(3)财产所有权问题;(4)资金情况;(5)有定期的报告;(6)合同期。[2]

美国县图书馆服务体系最广泛和最成功的例子之一是在加利福尼亚州,该州的县图书馆服务体系为全州提供了令人满意的图书馆服务。该州图书馆体系能够成功的重要原因得益于早期一位县图书馆运动领导者即詹姆斯·吉利斯的推动作用。在 1909 年县图书馆体系发展之前,詹姆斯·吉利斯馆长就主张实行全县流动图书馆方式的延伸服务,而加州县图书馆体系的成熟定型就是流动图书馆发展到一定程度的结果[3]。同时,农村支持和发展的社会因素也为当地公共图书馆的发展注入了动力:当时教育逐步发展起来,人们的文化水平也逐步提高,这也是美国多年发展的结果,而且在经济发展的社会里这种趋势越来越明显;在教育得到逐渐普及之后,社会的确需要公共图书馆这样一个机构,使得公共图书馆服务的普遍性和图书馆资源的可访问性为渴求知识的农村居民所便捷使用。与此同时,越来越多的农村居民已经关注并意识到图书馆服务的重要性,即通过建立当地

---

[1] Harriet Catherine Long. *County library service*[M]. Chicago American Library Association, 1925:73.

[2] Harriet Catherine Long. *County library service*[M]. Chicago American Library Association, 1925:74.

[3] Ernestine Rose. *The public library in American life* [M]. Columbia University Press, 1954:36.

的图书馆，不仅满足了他们对于外面世界和各种知识的渴求，而且图书馆所提供的服务（如儿童阅读、成年人讲座等活动）也成为农村社会生活中不可分割的一部分，图书馆逐渐融入农村的社区生活。加州县图书馆发展的初始时期，正是在上述这样一个背景下展开的，加之20世纪第一个十年间美国西海岸涌入大量移民，图书馆对于唤起人们的社会良知和融合各民族团结具有重要意义。图书馆的重要功能可能在当时社会就为今天的市民素养提高奠定了基础，获得了更大的普遍共识的意识，使其成为深刻地影响了当时社会发展的社会机构。随着图书馆体系的完善和图书馆数量的增加，这反过来又影响公共图书馆本身的未来增长，构成了不是偶然提到但更值得诉说的图书馆的历史发展进程[1]。

从加州县图书馆发展进程来看，它并没有像大多数州一样经历县图书馆系统与市图书馆签订合同的阶段。加州原来有12个县图书馆与市图书馆签订了合同，但后来有8个县图书馆都撤回合同，并组织了单独的县级图书馆系统。此举能够为全县人民提供更优质的服务，并且也能从县委员会得到更充足的财政支持，而不是单独从与一个城市图书馆的合同服务中获得。因此，加州的许多县很容易建立起一个独立和独特的县图书馆服务体系，而不是与现有的市图书馆进行合作。但是，如果县图书馆系统成立一个单独的系统，这意味着县图书馆有可能与市图书馆的馆藏重复。因此，独立的县图书馆体系建立之初必须考虑到当地的条件，必须考量与市图书馆系统的关系。

加利福尼亚州县级图书馆得到了顺利发展，是由于他们的图书馆领导人隶属该县直接管理下的监事会，因此税收征收机构直接引起图书馆的增长；该县图书馆体系实质上是该县的一个机构。加州县级图书馆实施的具体措施是：最开始该州的60个业已存在的村镇公共图书馆已根据法律规

---

[1] Ernestine Rose. *The public library in American life* [M]. Columbia University Press，1954：37.

定加入县级图书馆体系，但其他任何坚持自身发展的社区公共图书馆根据规定要求，也共享县级图书馆的权限和税款。后来，又有58个小型公共图书馆逐步加入县级图书馆，这增加了图书馆服务的实用性和可行性，它们可以来分享全县图书馆运动中城镇和乡村图书馆共同努力的成果。其后，又有超过2300个学区图书馆根据法律提供的机会加入县图书馆体系。在这些地区，学校图书馆的资金上缴到县图书馆有关部门，这些地区的图书馆由县级图书馆统一购买和提供书籍，并进行有效的管理。县图书馆与其他图书馆的合作，在加利福尼亚州得到了广泛的认可。加利福尼亚州州立图书馆一直强调县图书馆服务与合作共享的必要性和价值。[1]

4.3.4 美国流动图书馆服务研究

本节之所以把"流动图书馆"作为除了"城镇图书馆"和"农村图书馆"之外的第三种服务形态单独列出来，是有其原因的。首先，"流动图书馆"是没有实体建筑结构的，也没有具体的行政结构；其次，它同时存在于广大的城镇和农村社区当中，服务区域广泛，服务意义重大。

美国流动图书馆实践活动开展得较早。但"流动图书馆"这个想法最初并不是出现在美国。英国牛津大学早在19世纪就有关于流动图书馆的记载。美国关于流动图书馆最早的记载是在20世纪初的华盛顿县，密歇根州紧随其后，开始了免费流动图书馆服务活动，接着美国其他州也陆续效仿。[2] 在美国公共图书馆尚未普及到边远地区的时候，边远地区的人们也有一定的阅读需求，因此需要人们采取一定的行动满足没有实体图书馆建筑服务区的读者对于书籍的渴求。这些流动图书馆不仅能实现人们阅读的需求，而且能激发农村居民的阅读兴趣和培养了他们的阅读习惯。流动

---

[1] Harriet Catherine Long. *County library service*[M]. Chicago American Library Association, Chicago，1925：29–33.

[2] Harriet Catherine Long. *County library service*[M]. Chicago American Library Association, Chicago，1925：17–18.

图书馆发展的历史重要性在于：19世纪末与美国"图书馆委员会"设置理念同时发展起来的——这是美国公共图书馆当时两个极其重要的举措，并对于之后的美国公共图书馆都是很大的影响。[1]

流动图书馆运动的发生范围不仅在农村地区，还发生在城镇郊区以及大城市地区。更值得强调的是，流动图书馆后来被广泛应用在城市街道。从历史发展来看，许多城市的图书馆分馆往往是流动图书馆发展的产物，作为早期公共图书馆总馆派出的流动图书的暂时寄存点，后来逐渐发展为实体的公共图书馆，即城市图书馆分馆。流动图书馆的发展作为一个很好的例子，以满足当地居民阅读增长的需求和图书馆政策、图书馆服务在偏远社区和图书馆服务盲区的发展[2]。

从20世纪初发展以来直到现在还在盛行中，流动图书馆可以称为是一个年轻而古老的活动。从"book wagon"发展到"bookmobile""流动图书马车到流动服务汽车"体现了早期流动图书馆实体的变化，而现代流动图书馆的发展融入了更多的想法。现代的流动图书馆车（bookmobile）从本质上是一个流动的图书馆分馆。目前来看，美国各州的图书馆分馆总量为7723个，而流动图书馆仅为671个。[3] 多年前在农村地区广泛分布的流动图书馆车，现在已经在历史的变迁中固定转为实体建筑的图书馆分馆。而流动图书馆也更加规范化和标准化，且至少包括以下条件：其一，卡车或者面包车载有有序的图书馆书籍或者其他馆藏；其二，员工是带薪服务的；其三，有对外开放的正常服务时间。

---

[1] Ernestine Rose.*The public library in American life*[M]. Columbia University Press, Columbia, 1954：34.

[2] Harriet Catherine Long. *County library service*[M]. Chicago American Library Association, Chicago, 1925：35.

[3] Number of Libraries in the United States[EB/OL].[2022-9-17].https：//libguides.ala.org/c.php?g=751692&p=9132142.

第4章　美国城镇与乡村基层图书馆管理与服务研究

图 4-2　美国 20 世纪 30—40 年代的流动服务车（book wagon）

图 4-3　美国 20 世纪 60 年代的流动服务车（bookmobile）

1960 年，美国公共图书馆协会主席任命了一个小组委员会，并制定了流动图书馆服务质量标准(Standards of Quality for Bookmobile Service)，与已经建立的公共图书馆系统相配套。这些标准将作为新的流动图书馆建立的服务指南，也作为已经在操作使用中的流动图书馆的考量标准。这些标准不包含为学校的儿童流动图书馆提供特别服务。流动图书馆服务质量标准主要规定了以下内容：流动图书馆的角色、组织运作、服务日程安排、馆藏内容、工作人员以及流动图书馆总部等内容。其中在流动图书馆的角色定位中规定，公共图书馆系统有义务为当地社区的每一个人提供免费的图书馆服务。但在每一个地方都进行实体图书馆建筑的建设理念是不合乎实际的，因此流动图书馆成为扩大图书馆服务的权宜手段。在启动流动图书馆服务之前，应认真研究当地地方概况以及居民的需求状况，确定流动图书馆的停靠点，从而将最好的服务与该地区的需求相结合。该标准还规定了流动图书馆主要用途在于为图书馆服务未得到普及的地区提供服务，并给予不能支持永久图书馆建筑的地区提供持续的图书馆服务，且预先帮助确定图书馆分馆建筑的理想地点。流动图书馆可为多样社区提供服务：例如没有足够图书馆设施的城镇、城市边缘地区、城市中不能在一个合理的距离内到达图书馆分馆的区域、由自然或人为隔离障碍的偏远地区和农村地区。流动图书馆的停靠站可以在这样的中心地区——商店、邮局或人口密度比较集中的地区。

值得注意的是流动图书馆的服务不应该被视为一个图书馆分馆或社区图书馆、学校图书馆的替代品，它只作为一个专门的和有限的图书馆服务手段。它不能满足研究需要，不能提供足够阅览图书的时间，或在某一地区长时间停留或频繁使用。一般来说，流动图书馆提供的项目主要包括图书借阅、简单的咨询活动等。流动图书馆的服务时间是按照一定日程来进行服务的，每次在一个地方停留的时间从 45 分钟到三四个小时不等；到一个服务站的频率是一周两三次。而从流动图书馆工作人员来看，规定至少有两名，即图书馆工作人员和作为司机的兼职图书馆工作人员；而一部流动图书馆车上所载书籍根据当地服务人口来灵活掌握，从几百本到几千本不等。流动图书馆车主要分为两种，一种是 self-powered single units，另一种是 tractor-trailer。前者用于短途且短暂停留，车上具有较少的书籍，而后者用于长途并且拥有较多停靠点，车上有较多书籍（一般是 3000-

5000 册书籍）。

早期流动图书馆服务在各州开展的模式大体相当，但具体运行方式有所不一。总之，流动图书馆服务体系开展的主要目的在于有效弥补早期农村图书馆服务不足的状况，也为美国县公共图书馆体系的整体发展奠定了一定的基础。就流动图书馆本质而言，它是一个非常个性化和非正式的图书馆分馆。其流动性可通过广泛分散和不断变化的藏书为广大民众带来图书馆服务。流动图书馆可以提供给读者整个图书馆系统的图书流转循环。它可以激发人们对于书籍和阅读的兴趣，可以培养潜在用户具有更加专业化的需求，从而使用更多的图书馆馆藏。通过图书馆总馆的协调，流动图书馆与州、联邦的图书馆机构资源都有接触。

总之，流动图书馆服务的目标，是为不能在一个合理距离内到达实体建筑公共图书馆的读者提供图书馆的图书和其他信息资源、提供有限的信息服务和专业的阅读指导。开展流动图书馆服务需要注意：其一，流动图书馆服务应紧密结合当地社区的特点。流动图书馆的工作人员应了解当地的地域特点和民族风情，有针对性开展图书馆的整体服务和资源系统。其二，流动图书馆的工作人员应该知晓其区域内的图书馆的相关情况，以便有针对性地满足不同群体的需求。其三，流动图书馆的服务应该有一定规则章程。

4.4 美国城镇与乡村基层图书馆发展总结及未来发展面临的问题

4.4.1 美国基层图书馆发展路径及服务特点

通过梳理相关文献及资料，我们可以得知美国基层图书馆发展路径：

当大城市图书馆发展半个世纪甚至半个世纪以后,才开始注重小城镇和县域范围的农村图书馆的发展。从 1848 年波士顿税收立法支持公共图书馆到 1950 年,虽然有零星的城镇或农村图书馆发展的少数案例,但在美国优先兴起的还是城市图书馆。这是因为那里不仅有着高度发展的社会经济,还有着先进的图书馆服务理念。20 世纪中期,随着联邦政府和各州政府范围的立法推动作用,农村图书馆或郊区图书馆才开始进入普遍和蓬勃发展阶段。因为人们认识到图书馆事业的真正普遍发展情况应是:农村居民应得到与城市居民相同的图书馆服务。[1]

今天的美国城镇与乡村基层图书馆已经非常完善,其主要服务特点如下:

(1) 服务对象广泛

①为儿童提供服务。在美国的儿童教育中,社区图书馆是儿童教育的重要场所。因此在美国,为儿童提供服务是每一个公共图书馆的必要服务内容。公共图书馆为儿童提供服务有着很悠久的历史,1876 年,美国图书馆协会 (ALA) 成立,为公共图书馆儿童工作开辟了道路,ALA 设有儿童及青年图书馆部,其下设置儿童及青年教育委员会。最早的公共图书馆儿童服务,可以追溯到 19 世纪末,1890 年在马萨诸塞的布鲁克林建立了第一个儿童阅览室。这个儿童阅览室是当时公共图书馆的一个分馆[2]。不久以后,很多图书馆便效仿布鲁克林建立起很多社区图书馆的儿童阅览室,并成为当地公共图书馆的专门儿童阅览室。值得注意的是,美国公共图书馆在开展儿童服务工作中,为了满足儿童的阅读需求,经常协同学校、家庭共同努力,为儿童的成长提供最佳的阅读环境和教育方式。尤其是当地的公共图书馆善于与学校合作开展儿童服务,以满足不断增长的儿童阅读的兴趣和需求。

---

[1] ALA.*Public library systems in the United States*[M].Chicago,Nelson Associates,1969.

[2] Ernestine Rose. *The public library in American life* [M]. Columbia University Press 1954:32.

第4章 美国城镇与乡村基层图书馆管理与服务研究

为儿童提供服务的图书馆馆员必须经过正规教育和培训。他们要有丰富的经验,能够为儿童开展丰富多彩的活动,并且能为家长提供咨询解答,也能为残障儿童提供特殊服务等。通过种种活动,激发儿童灵感和想象力,培养他们的坚强意志和自我管理能力,增强他们的心理素质、幽默感等。公共图书馆已培养了孩子们阅读的思想意识,并努力把孩子们的阅读兴趣熏陶起来,以培养良好的道德情操和绅士修养。而究其公共图书馆为儿童开展服务的社会原因在于,美国是一个崇尚独立的社会。一般孩子出生以后都是由父母养育,孩子没有爷爷奶奶的抚养,缺少了隔代教育的机会,因此在美国家庭角色的缺失间接由社区图书馆馆员来代替并承担下来。事实上,公共图书馆是个社会大课堂,它应该为少年儿童的成长提供更多的发展空间。儿童阶段是人生重要阶段,公共图书馆有责任有义务为儿童提供发展和成长的重要空间。

②为成人提供服务。靠近民众生活的社区图书馆(农村城镇图书馆)在为成人信息服务方面发挥着重要作用。这些社区图书馆能够帮助他们学习新技能,使他们在社会中重新找到自我定位和实现自我价值。尤其是在经济危机形势下,这些公共图书馆可以为许多失业人员提供很大的帮助:提供相关书籍,扩大其知识面,更新其知识结构,为再就业创造机会;图书馆网页中有专门的就业板块,提供各州、县的劳工组织培训、招工情况等。有些图书馆与其他图书馆或单位有"培训"的链接,这种社区图书馆信息资源共享,扩大了民众的信息面。[1]此外,除了为成人提供此类就业及信息服务之外,社区图书馆还提供商业信息服务、医疗信息服务、语言培训服务、多媒体资料使用等。信息环境下,计算机及网络的盛行,公共图书馆还免费为当地居民提供上网服务,还定期为不会使用计算机和不会上网的民众进行计算机培训项目,有效地为民众缩小了数字鸿沟,增强了

---

[1] 美国公共图书馆服务讲座[EB/OL].[2010-11-23].http://www.nlcd.com.cn/news/ShowArticle.asp?ArticleID=3715.

信息获取意识，提高了信息检索能力。

③为弱势群体提供服务。为了更加深入表现美国公共图书馆"平等为每个人"的服务特点，美国众多社区图书馆近年来为残疾人、老年人等弱势群体提供的服务日益完善。他们不仅为到馆的残疾人提供服务，甚至还为社区内不能到馆的行动不便的人提供送书上门的延伸服务。他们甚至把这种服务延伸至医院、诊所、家庭等场所，为老年人、聋哑人等提供他们所需要的特殊书籍和材料。以为盲人提供服务为例，美国社区图书馆为盲人提供服务，最开始是个别图书馆的自愿形式，后来随着美国公共图书馆的发展完善，逐渐成为大部分社区图书馆的一种基本常规服务，甚至图书馆现在可以为失明者提供有声图书、盲文图书。美国公共图书馆为弱势群体服务有着明确的法律依据，在美国的立法当中，各个州和地方立法明确规定要求为盲人等残障人士提供服务。[1]

（2）服务手段先进

随着时代及信息技术的发展，社区图书馆要更进一步扩展它们的服务范围，以满足人们日益增长的信息需求。因此，一些新颖的、创造性的服务方式和手段在美国社区图书馆也就随之产生。

①远程服务。在1995年以前，人们获取信息的主要渠道还是实体的图书馆。而今天互联网改变了人们获取信息的方式。Besty Baker研究了图书馆处在变化时代中的生存问题，认为在瞬息万变的信息时代，图书馆存在的核心价值是成功地适应变化，从而有效地提供服务。[2]计算机时代网络、数字资源以及其他资源推动图书馆朝着未来发展，远程服务的引进使得许多美国家庭足不出户就可以享受到图书馆的诸多服务。远程服务特点是全天候、无边界，越来越成为图书馆不可或缺的资源组成部分。远程访问，通过读者身份证将馆外读者的IP转变为局域网IP来实现，这种服务

---

[1] 钟卫宏，曹海霞. 美国基层图书馆服务研究 [J]. 图书馆建设，2011（8）：73.

[2] 束漫. 公共图书馆服务研究 [M]. 北京：国家图书出版社，2009：2.

方式简单化、规范化、无缝化、全程化。大多数美国的社区图书馆现在都订购各种数据库以提供远程服务，并在网上提供参考咨询，社区读者可在网上办卡和查询本人借还书状态；可通过网络和电话续借预约图书资料。

②举办多种讲座及服务项目。美国的社区图书馆不仅是一个借阅图书的机构，而且还为满足读者的需求开展多种服务项目以吸引读者到馆。图书馆的常规服务项目包括为成人提供讲座、计算机培训，为儿童提供阅读服务等，还有其他很多特殊的服务项目。以免费语言培训服务为例，由于美国开放的社会特性造成移民的多样性，为了满足多元文化的需求，有些社区图书馆和个别郊区图书馆提供了免费语言培训服务。这种培训班在社区图书馆办得很好。新移民很多，并且都想学英语，加之公共图书馆是免费办班的，因此报名者很踊跃，大家学习的积极性也很高涨[1]。图书馆的这种服务形式是由美国的文化特性所决定的。为了公众文化交流的便利，图书馆提供的这种服务也彰显了图书馆是一个公共文化机构的特性，其宗旨就是提供公共文化交流和学习的平台。

③其他服务形式。电话咨询服务在美国很发达，已经成为美国人日常生活参考咨询的一个重要部分；大多图书馆有商业黄页服务以及与社区居民生活紧密相关的医疗、烹饪等家庭信息服务。另外有部分流动图书馆可为残疾人、老年人以及卧床病人提供送书上门服务。[2]

4.4.2 美国基层图书馆的可持续发展问题

"可持续发展"是 21 世纪以来一个非常时髦的词语——它一直不停地以许多不同的方式出现，好像使它不再具有本身真正的意义。可持续发展最初的用途是与环境有关的。1987 年联合国的报告中，《我们共同的未来》中阐述了"可持续发展"最常用的定义，其描述为——可持续发展是这样

---

[1] 杨艳. 特色为本服务至上——参观美国图书馆的思索 [EB/OL].[2012-12-05].http：//www.libnet.sh.cn/hwyb/list.asp?id=829.

[2] 钟卫宏，曹海霞. 美国基层图书馆服务研究 [J]. 图书馆建设，2011（8）：74.

的发展,它既符合当代人的需求又不损害后代满足自己的需要的能力。而"文化可持续发展"的定义是联合国在 1995 年的另一个委员会的报告《我们创造性的多样性》中发表的,但未能吸引人们关注,也许是因为文化是"不可持续的"、文化是"演变"而不是"发展"。而澳大利亚经验最丰富的文化评论家之一——乔恩·霍克斯(Jon Hawkes)针对此观点做出"挑衅"。2001 年,在他的书中构想了文化可持续发展的概念:可持续发展的第四大支柱——公共规划中文化可持续发展的角色。其后人们开始关注文化领域的可持续发展这一模式。然而,霍克斯模式的精妙之处是他将四个相互关联的方面纳入一个范例而略有不同,其中添加了更多的可持续性的含义:环境责任——经济健康发展——社会公平——文化的生命力。文化活力是可持续的,但不是文化本身——更重要的是文化的影响力更有助于社区的发展。文化可持续发展不是关于图书馆的可持续发展,但图书馆文化的作用在保持文化的活力,提供归属感、共享的意义、身份识别、尊重社会、创造力和教育中发挥的作用是重要的。公共图书馆为文化可持续发展的独特地位做出了贡献。图书馆是家庭、工作单位或学校的"第三空间"。[1] 在文化可持续发展中农村图书馆面临着处理文化生命力的问题。尤其是面对快速变化的环境时,当地社区的图书馆比以往任何时候都更重要。我们需要积极回应不断变化的社会角色,增强图书馆文化功能的生命力。

对于美国城镇与乡村基层图书馆发展来说,面临的最直接的困难就是服务面积比较大,服务人口比较分散。这造成了图书馆本身就是孤立的。例如,在一个 30000 人口的贝加县,该县本身就是一个人口相对较少、地域范围广大的县,而且该县的图书馆还与其他分馆相距 100 多公里,平时开展馆际互借和其他服务工作很艰难。加之落后的公共交通及网络更加剧了有限的图书馆服务。同时,地域广大、人口密度低,意味着地方政府税

---

[1] Amberg Penny. Where angels fear to tread : A nonlibrarian's view of the sustainability of rural libraries[J].*Aplis*,2010,23(1):28-32.

率低，这也就导致了图书馆服务的经济资源稀缺。为了维持文化服务持续性的功能，当地政府将继续寻找其他方式衔接文化服务。这是因为当地政府在农村社区图书馆的服务中起着基础引导和支持的作用。

可持续发展可能意味着对尚存事物的发展——或者说采用新技术，吸引更多的资源建立社区伙伴关系，赢得政治支持。文化的可持续对于小型社区图书馆和社区发展都具有重要的意义。目前城镇图书馆或者农村图书馆面临着很多问题，都需要认真思考研究，努力改进。

4.4.3 美国基层图书馆发展面临的挑战

众所周知，今天图书馆的主要影响因素是技术变革影响其馆藏发展以及其他诸多方面。这从根本上影响了图书馆的两个方面：其一，表现在馆藏的管理方面；其二，用户访问信息的方式，并且这两个因素是共生和影响关系。在变化的环境中公共图书馆需要做的不仅是知道图书馆怎样发生改变，而是针对这种改变实施相应对策。事实也证明，美国一些公共图书馆早已从馆藏管理转向了信息的获取。虽然农村和小城镇的图书馆在这个科技时代面临诸多挑战，但它们都为社区文化活力提供了独特的具体的机会。

在传统的保守性的农村和小城镇，技术引进往往意味着会带来变革和创新的阻力。对于小型公共图书馆来说，引入计算机和网络必然要在当地对视野狭隘和获取信息能力较低的人们提供计算机的培训和再培训机会，这也必然耗费小型公共图书馆有限的和昂贵的人力资源成本。对于目前缺乏家庭接入宽带互联网的农村地区，社区图书馆实施此项服务是一个挑战，也是一个优势。这意味着，农村图书馆可以提供给用户快速的互联网，利用免费 WiFi 吸引更多的用户群体到图书馆；吸引读者增加服务的同时，公共图书馆也在提升自己的工作质量和服务水平。

美国悠久的公共图书馆面临着生存能力的考验，影响图书馆持续发展的因素不仅包括社区环境、与政府的关系，当然还有图书馆技术。随着外界信息环境的变化，用户（或读者）对于图书馆的使用也在发生着潜在的变化。信息发展和网络环境下，公共图书馆面临一种普遍技术革新的环境，它的文化娱乐和教育功能在逐渐削弱。随着电视、网络等各种媒体的出现丰富了人们的娱乐生活，图书馆的休闲娱乐等功能面临考验，有人开始质疑公共图书馆的教育功能在削弱。新技术的出现，使得图书馆管理系统发生着变化，而且也使得图书馆的服务更加多样化，以适应信息技术时代人们的需求。图书馆工作者始终面临着社会发展中的各种挑战，无时无刻不在服务方式上进行变革，以适应不断变化的信息社会和信息社会中个性化的用户需求。

第5章　互联网时代美国城镇与乡村基层图书馆发展进展

5.1 互联网背景下美国基层图书馆发展概况

5.1.1 互联网发展与城镇和乡村社区居民利用背景

21世纪信息革命时代，互联网正在政治、经济和民生领域改变着社会。从根本上来说，互联网络是一种技术，也是一种工具，它通过自己的方式改变着人们实现社会公平、个人自由的行为[1]。随着互联网的普及，网民数量与日俱增，人们的信息意识也逐渐增强。人们通过网络及时地获取信息，同时以一种自由的方式来表达自己的观点[2]，通过网络渠道（如Facebook/Twitter/微博/网络论坛等形式）网民积极参与并陈述社会事实，彰显自己的观点；同时人们通过互联网络大大提高了经济的生产和发展，使得经济

---

[1] Kathy Bowrey. Book review: Internet Politics: States, Citizens, and New Communication Technologies by Andrew Chadwick[J]. *The International History Review*, 2007, 29（4）: 935-937.

[2] Kate Williams and Hui Yan.Informatic Community[EB/J]. First Monday, 2009, 14: 10-15. http://firstmonday.org/htbin/cgiwrap/bin/ojs/index.php/fm/article/view/2576/2306.

效益快速增长；在社区生活中，越来越多的居民通过互联网络，进行网络购物、娱乐、消费等活动，给人们的生活带来了极大便利。

21世纪，对于美国社会来说，计算机应用和网络接入是必不可少的。众所周知，大多数的美国成年人拥有高中以上的学历、使用电话，并拥有自己的汽车，因为这些东西都是公认的在美国正常的社会秩序和社会生活中不可或缺的。在美国，某些东西可能开始作为奢侈品，但是后来却成为在社会结构中根深蒂固的、不可缺乏乃至融入社会整体中的"必需品"——计算机和网络就是这样一种美国现代生活中的"必需品"。美国社会提倡"一般福利"，重视精英教育的平等性和公正性，并提供、奖励个人的积极性和创造性，重视人才和成就。美国人也普遍希望每个人都能获得如生活工资、住房、医疗保健以及教育等基本生活"必需品"。研究表明，互联网不是一种奢侈品，拥有访问和使用互联网技能的公民：（1）经济、教育、就业和收入上更成功；（2）更多地参与政治和社会；（3）比起没有使用互联网的用户，他们能获得更多的政府服务和公共物品。[1]而美国人民使用互联网是在20世纪90年代初开始的，当时主流网民的初始组成部分是少数的高产阶级，他们的典型特征是拥有更高的收入水平，而且比一般的美国公民具有更高的教育经历。如今随着电脑设备和网络成本的价格下降，美国的网民越来越多。互联网正在成为美国社会一个日益重要的信息源，人们日常生活中的一切活动（例如，电子邮件、即时新闻、网上购物、检索信息、个人通信等等）都开始依赖网络来进行。[2]

对于美国这个发达国家来说，网络是其基础设施，但就目前实际情况

---

[1] Julio Angel Ortiz.Re-Gaming the Digital Divide：Broadband, MMOGs and U.S. Latinos[EB/J]. Rutgers, the State University of New Jersey. New Brunswick, NJ.

[2] Dean K. Jue, Christie M. Koontz, J. Andrew Magpantay, Using Public Libraries to Provide Technology Access for Individuals in Poverty：A Nationwide Analysis of Library Market Areas Using a Geographic Information System[J]. *Library & Information Science Research*, 1999, 21（3）：299-325.

第5章　互联网时代美国城镇与乡村基层图书馆发展进展

而言，也不是在美国的每个人都拥有宽带接入、电脑使用以及拥有使用互联网的技能。美国商务部(U.S. Department of Commerce，DOC)进行的一项"公共图书馆电脑使用"的研究项目中发现，农村贫困人口、农村和中部城市的少数民族家庭连接网络和电脑比较少。尤其是大量生活在农村地区的人们，以及城市中许多低收入的市内居民，根本无法承受电缆或数字用户线路（DSL）的宽带接入，电脑和网络的可获取并没有完全普及。美国政府已经意识到这方面的需求，并采取了行动。例如，早在20世纪90年代，克林顿政府就使用联邦政府的权力倡导互联网的使用。20世纪90年代在美国联邦政策的广泛支持背景下，"信息高速公路"等措施促使互联网迅速开展起来。联邦政府对于公立学校和图书馆的互联网技术的补贴政策大大增加。2009年以来，随着网络设施的逐渐健全和普及，为了进一步提高网络质量，奥巴马政府实施推广了"宽带网络计划"，要在全美范围内普及宽带网，在宽带网覆盖率不高或未覆盖的乡村等地区普及宽带网，并要求接受政府拨款的宽带网运营企业提供"开源式"服务，选择乡村等地区有重点地加强宽带网建设，缩小"数字鸿沟"，提高美国国内电子商务的整体发展水平等。辅助支持政策还包括免除网上销售的联邦税；美国商务部对低收入群体带来新的通信技术的项目、提供补助金等。[1]总之，面对汹涌而来的互联网浪潮，联邦政府倡导提供互联网服务和网络的普遍接入，力图使得网络成为一种"普遍服务"的概念，并成为政府政务工作的政策工具。尽管如此，"数字鸿沟"作为一个抽象的概念开始出现。然而，成功解决数字鸿沟的根本在于能够使更多的人通过互联网访问共享知识，即通过图书馆这个免费的公共机构进行网络接入，这是实现普遍服务的重要策略。

对于美国公共图书馆来说，今天的公共图书馆与170年前、甚至20

---

[1] 张智江.美"宽带计划"刺激经济 兼顾民生提升竞争力[EB/OL].[2012-12-31].http：//telecom.chinabyte.com/307/8711807.shtml.

年前相比，都有很大的变化。互联网带给了美国社区图书馆很大的冲击，网络环境下，技术对社区图书馆的影响主要表现在两个方面：其一，是馆藏的多样化，突出表现在电子资源在图书馆馆藏中比例逐渐增加；其二，是用户使用图书馆行为的变化。图书馆不仅仅是用户读书看报的地方，也是用户通过电子设备和网络技术等便捷方式更好地获取信息的地方。公共图书馆的发展始终能够紧跟时代的步伐，这也许是图书馆能够持久发展并深深影响着人们的秘诀。随着社会发展，社区图书馆本身也在进行改造，试图使变革与技术作为图书馆的重要工具，增强自己的服务设施，创新自己的服务潜力，更好地为用户提供图书馆服务。美国当地公共图书馆的目标之一就是使当地社区的所有居民都能够访问图书馆的免费互联网，从而达到互联网使用普及的作用，充分发挥公共图书馆一直以来的"信息机构"的力量以及公共图书馆为居民提供全面信息服务的职能。

5.1.2 美国社区图书馆互联网应用状况分析

(1) 美国公共图书馆互联网发展进程

美国公众对计算机和互联网服务的需求在不断增长，最常见的是通过公共图书馆这个媒介增强网络基础设施建设的能力，为公众提供计算机及互联网的终端服务。过去几年，美国公共图书馆一直致力于扩大现有的宽带网络，提高计算机的可用性，诸如"图书馆连接社区：公共图书馆的资金和技术"此类的方案每年都在实施。由比尔·盖茨和梅琳达基金（Bill & MelindaGates Foundation）和ALA资助的项目研究发现，超过73%的图书馆报告显示：社区图书馆是免费访问计算机的最关键的公共访问来源。并且受访图书馆反映道，访问互联网前三名的图书馆用户分别是：利用网上教育资源和数据库的K-12学生、社区中的求职者以及想进一步提升自己的电脑和互联网技能的培训者。可见，计算机网络服务已经成为美国人生活中不可或缺的组成部分，而社区图书馆则较好行使了此项服务职能。然而，互联网的推广和使用在美国也不是一蹴而就的。1994年麦克卢尔

第5章 互联网时代美国城镇与乡村基层图书馆发展进展

（Mcclure）等人进行的第一个全美国性的公共图书馆互联网接入调研发现，只有20.9%的公共图书馆能够连接到互联网；而在1996年的研究发现，有44.4%的公共图书馆连接到互联网。紧接着，1997年的报道数据显示，有72.3%的公共图书馆已经能够连接互联网。1998年、2000年、2002年和2004年的调查数据显示，公共图书馆互联网连接的比例在逐年上升，到2004年已经有98.9%的公共图书馆为社区内的公众提供互联网服务[1]（如图5-1所示）。

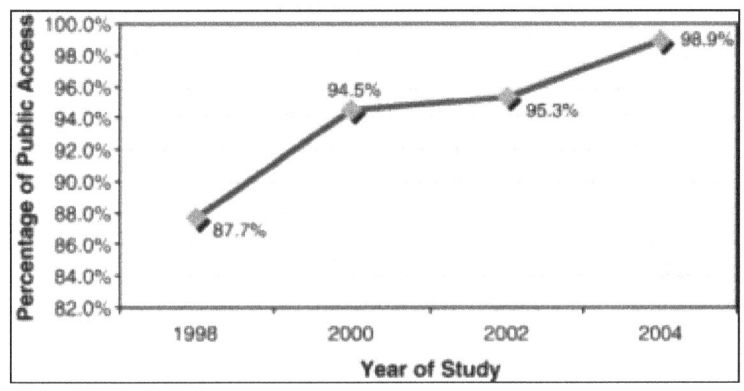

图5-1 美国公共图书馆互联网接入发展变化

互联网发展早期1997年的调查数据显示，通过公共图书馆系统与人口分配比对的数据表明，在人口较多的公共图书馆系统地区比人口较少的地区有着较高的互联网连接率[2]。还有城乡间的差别，在中部城市地区图书馆联网率（86.9%）比农村地区（66.0%）要高一些，非中心城市图书馆之间的公共图书馆系统连接也存在着显著的差异性。因此，公共图书馆的

---

[1] Mary Alice Ball. Aggregating broadband demand：Surveying the benefits and challenges for public libraries[J].*Govemment Information Quqrterly*，2009，26（4）：551-558.

[2] Office for Information Technology Policy，ALA.The 1997 national survey of U.S. public libraries and the internet：Final Report [EB/OL]. http://www.ii.fsu.edu/~jbertot/ala97.html.2009-7-13/2012-05-12.

互联网连接在全美也是不均衡的[1]。

据美国公共图书馆 2019 财年的数据表明，100% 的公共图书馆能够接入互联网络。具体使用情况如表 5-1 所示：

表 5-1　2019 财年美国公共图书馆互联网接入总体情况

公共图书馆数量	公用互联网计算机的数量			公共访问互联网计算机用户访问量		
	总计	每个固定站点的平均值	每 5000 人	总计（单位：千）	人均	每台计算机
9057	299445	18.03	4.73	223956	0.71	747.90

资料来源：IMLS, Public Libraries Survey, FY 2019. Data elements GPTERMS, PITUSR, CENTLIB, BRANLIB, POPU_UND from the Public Library System Data File（PLS_AE_PUD19i）were used to produce this table.

（2）美国公共图书馆互联网用户使用概况

今天的美国，几乎所有的公共图书馆在社区的重要作用就是为居民提供免费上网服务。21 世纪以来，公共图书馆在连接互联网方面已取得了显著的进展。随着公共图书馆互联网的连接，公共图书馆向公众提供计算机工作站的数量也在持续增加。从 1996 年的每图书馆 1.9 台计算机增加到 2019 年的平均每图书馆 18.03 台，这主要得益于信息技术和网络硬件的快速发展以及社区居民需求的增长。相应发展的，还有公共图书馆网速质量也在不断加快以及无线网络开始使用。截至 2019 年的统计显示，美国有近 100% 的公共图书馆提供质量较优的 WiFi 服务。

根据 2019 年的调研报告显示，美国公共图书馆的数字资源服务内容主要包括提供授权的数据库（99.8% 的公共图书馆提供）、家庭作业资源（87.0% 的公共图书馆提供）、音频内容如音频书籍（82.8%）和数字参考

---

[1] ALA\ NEWS. Libraries Are Key Online Access Points[EB/J]. [2012-04-24].America libraries.

咨询（66.9%）以及大量的信息技术培训等。自1996年以来，图书馆作为技术资源和培训中心的作用得到爆炸式的发展。其中信息技术培训课程得到广泛应用，其主要培训内容如表5-2所示。

表5-2 美国社区图书馆为读者提供的技术培训项目

技术培训课程内容	统计情况			
	城市	郊区	农村	总体状态
基本电脑使用技巧（例如，如何使用键盘、鼠标，如何打印）	93.7% (n=1176)	92.9% (n=1990)	92.3% (n=1527)	92.9% (n=4693)
基本软件使用（例如，word操作，制作电子表格，简报等）	82.8% (n=1039)	80.9% (n=1734)	75.2% (n=1245)	79.5% (n=4018)
基本网络使用（例如，收发邮件、浏览网页等）	92.8% (n=1164)	94.7% (n=2030)	92.4% (n=1529)	93.5% (n=4723)
基本在线搜索能力（例如，使用Google、Yahoo等搜索引擎）	81.8% (n=1026)	82.8% (n=1775)	80.9% (n=1339)	81.9% (n=4140)
使用图书馆目录(OPAC)	49.8% (n=626)	52.9% (n=1134)	51.7% (n=856)	51.8% (n=2615)
使用在线数据库（例如，使用商业数据库寻找信息）	56.2% (n=705)	59.7% (n=1281)	46.4% (n=768)	54.5% (n=2753)
网络安全实践（如何保护个人隐私信息等）	29.2% (n=367)	38.0% (n=815)	37.5% (n=620)	35.6% (n=1802)
访问电子政务信息（例如，获取医疗信息、税收信息，怎样填写表格）	28.6% (n=359)	30.5% (n=654)	31.6% (n=522)	30.4% (n=1535)
在线求职	51.4% (n=644)	52.9% (n=1136)	39.4% (n=652)	48.1% (n=2432)
访问网上医疗信息（健康素养等信息）	22.4% (n=282)	26.6% (n=571)	25.0% (n=414)	25.1% (n=1267)
访问网上投资信息	16.4% (n=206)	17.4% (n=372)	9.3% (n=153)	14.5% (n=732)
访问网上家谱信息	31.8% (n=399)	42.5% (n=912)	45.6% (n=754)	40.8% (n=2065)

续表

技术培训课程内容	统计情况			
	城市	郊区	农村	总体状态
访问消费者的信息（如产品有价值的安全性、可靠性、保修信息等）	18.7% (n=234)	24.5% (n=526)	19.0% (n=314)	21.2% (n=1074)
数码摄影、软件和在线应用程序（如Photoshop中的Flickr）	22.6% (n=283)	34.0% (n=730)	31.8% (n=526)	30.4% (n=1540)
社交网络（博客、信息推送等）	31.5% (n=395)	37.4% (n=308)	35.5% (n=587)	35.3% (n=1785)
其他技术培训课程	6.8% (n=85)	5.6% (n=120)	5.9% (n=98)	6.0% (n=303)

2010年3月，美国第一次大规模研究公共图书馆使用公共计算机和互联网接入的报告中阐述道，美国图书馆上网反映着美国公共的利益，有关专家重点分析了社区居民为什么要使用图书馆的互联网以及互联网是如何影响他们的生活的。从报告中我们得知，大约三分之一的年龄在14岁以上的美国人使用图书馆的计算机和网络以改善他们的生活——他们利用公共图书馆的计算机找工作，接受继续教育，获得政府安全以及福利信息，访问重要的健康信息网站，并保持他们与社区成员以及与其他亲人的沟通。[1] 总之，公共图书馆作为重要的社区中心，不论其年龄、种族、收入、教育水平，为所有人提供免费、公共接入计算机和高品质的互联网，为数以百万计的美国人提供着服务，提供给所有用户获取信息的机会。

在过去数十年至今日，免费使用电脑及互联网在美国公共图书馆演变成一个核心服务。今天，在美国联邦、州和地方政府，以及私人慈善机构

---

[1] Wiley Periodicals, Inc.Opportunity for All：How the American Public Benefits from Internet Access at U.S. Libraries——A Study from the Bill & Melinda Gates Foundation and the Institute of Museum and Library Services[EB/J]. National Civic Review. DOI：10.1002/ncr.20071 Fall 2011.

第 5 章　互联网时代美国城镇与乡村基层图书馆发展进展

和图书馆馆员的持续努力下，几乎所有公共图书馆的分支机构即社区图书馆都成为为用户提供免费使用电脑和互联网的机构。有统计数据显示，在2019 年，2.23 亿人次在访问图书馆期间使用图书馆的电脑或无线网络，尽管超过四分之三的人在家里、工作场所或其他场所有互联网接入的机会，但他们还是乐于使用图书馆的网络[1]。可见，公共图书馆在不断变化的数字环境中发挥着独特的魅力与作用。公共图书馆已经变成一个关键的数字中心，让用户在享受社区图书馆服务的同时，利用互联网络更有效地工作、改善健康、获取关键的政府服务。

同时，对于图书馆管理者来说，计算机和互联网的接入，让馆员超越图书馆本身馆藏资源去共享可以利用的其他图书馆的所有资源、服务和工具，通过网络为用户提供服务。公共图书馆是最有效的信息连接的桥梁，以互联网和计算机为工具，为那些买不起个人电脑和使用不起互联网的用户，提供一个更容易、更快、更友好、更有效的网络使用机构。多年来，美国公共图书馆的投资已经跟上了数字化发展的步伐，但用户们的需求与资源、服务日益更新的变化，促使图书馆迁移和改进原有的资源和服务，使更多的用户充分参与数字化时代的革命。这意味着图书馆将需要更多的资源和提供持续的变革服务，以满足用户日益增长的需求。

（3）美国社区图书馆互联网使用政策分析

美国整个国家的公共图书馆都参与到不断变化的全球网络环境中，并为之做出了很大努力。公共图书馆是一个社会机构，其发展与瞬息万变的外部环境紧密相连，而公共图书馆互联网的接入和使用也表现出一定的复杂性。主要表现在公共图书馆建立和维护的信息基础设施、资源调拨、互

---

[1] Table 18A. Number of public-access Internet computers in public libraries and user sessions of Internet computers in the 50 states and the District of Columbia, by population of legal service area : Fiscal year 2019.[2022-12-20].https : //www.imls.gov/sites/default/files/2021-05/fy2019_pls_tables_14_thru_25a.xlsx.

联网支持使用和其他信息技术等方面。与公共图书馆相关的互联网的成本相当复杂,将需要更多的研究。联邦一级的政策措施也将继续影响到网络环境下公共图书馆的利用。美国国家政策和法规的建设及不断完善为网络的不断发展提供了强大的背景,并在州或者地方一级,开展一系列战略合作发展项目,以持续支持公共图书馆公众上网服务。

需要特别介绍的是,与美国公共图书馆互联网相关的几个公共法案。最早的技术法案是1996年的《电信法案》(The Telecommunications Act of 1996,TCA)。1996年的《电信法案》是对1934年美国通信法的第一次重大的立法改革。TCA的本质是更新各种电信行业的关键环节,建立一个以市场为导向的行业,依靠竞争来促进整个国家的较低利率电信业的发展。TCA专门针对美国联邦通信委员会(Federal Communications Commission,FCC)提供普遍服务方案,创建一个对学校、图书馆、农村医疗卫生机构的电信服务的优惠基础设施。在FCC的基础上建立了广泛指导方针的TCA,制定了其最终的普遍服务规则。在这项裁决和规章制度中,FCC创建了相关规定:学校和图书馆的年度贴息资金22.5亿美元;电信的折扣结构从20%到90%不等(主要定义为电信渠道,例如,租用线路、内部布线和互联网连接)。其中,学校或图书馆可以接收的贴现率取决于学生对学校午餐计划的比例和学校或图书馆的地点(城市/农村)。这就为处于偏远农村地区的图书馆网络发展带来了较大的好处。而TCA的普遍服务规定以及FCC这些规定的实施,是专门针对越来越多的学校和图书馆连接到互联网而采取的措施,图书馆在这之中受益匪浅。

第二个法案是《图书馆服务和技术法案》(The Library Services and Technology Act,LSTA)。1996年9月30日,美国联邦政府颁布实施了此法案。LSTA标志着由联邦资助的图书馆举措超过其前所未有的力度,主要在图书馆服务和建筑法等几个关键方面给予支持。LSTA整合涉及多种图书馆

第5章　互联网时代美国城镇与乡村基层图书馆发展进展

的需求，不仅包括公共图书馆，而且适用于所有类型的图书馆。LSTA 的重点是增加对电子网络活动的支持。总之，LSTA 这些关键架构旨在创建一个新的联邦国家图书馆，并强调合作和技术创新的融资环境。

第三个法案是《电子政务法规，2002》(The E-government Act of 2002)。它重申和加强了公共图书馆为人们提供互联网进行电子政务活动的重要作用。公共图书馆作为一个重要机构，能方便用户在社区开展电子业务，提供给用户相关服务。对于美国来说，很多政治投票都是在网上进行的，所以图书馆开展此项活动事关重大。公共图书馆正在成为一个为政府和为第三方服务的越来越安全的机构。[1]

此外，还有一项法案主要是针对未成年人使用电脑的网络保护法案——《儿童互联网络保护法案》(The Children's Internet Protection Act, CIPA)。CIPA 最早是在 1998 年通过的，但是直到 2003 年才宣布符合宪法要求，并开始在各个社区图书馆实施。CIPA 的目的在于防止未成年人在公共图书馆的电脑使用过程中，访问某些不健康的在线内容，减少潜在的危害儿童幼小心灵的非法、不健康的信息。[2]

综上可以看出，互联网时代下，美国公共图书馆所处信息环境当中电子网络活动越加频繁。公共图书馆建立网络和连接到互联网，成为不断发展的美国国家信息基础设施（National Information Infrastructure, NII）的一部分。这些创新性的举措表明，联邦、州和地方政府联合起社区与私营机构等利益相关者群体，以合作为基础，共同努力创造新手段，以较少的投入争取更大的收益，充分利用公共图书馆一站式的平台接入网络，减少重叠服务。通过公共图书馆有效地利用先进的网络技术，提供给公民更好的

---

[1] Office for Information Technology Policy, ALA.The 1997 national survey of U.S. public libraries and the internet : Final Report [EB/OL]. [2012-05-12].http://www.ii.fsu.edu/~jbertot/ala97.

[2] Anuj C.Desai. Filters and federalism : Public library internet access, local control, and the federal spending power.Journal of Constitutional Law. 10/12/2004 : 11-18.

网络服务和促进公民生活、教育以及生产力的更大的繁荣。公共图书馆连接到互联网具有重要和广泛的进步意义，并为当地的社区提供了一系列基于网络的服务和资源。但小规模的农村图书馆网络一直无法跟上更大的城市图书馆网络发展的步伐。此外，不同的社区能够提供支持的信息基础设施，以及提供先进的网络服务公众的能力也存在很大差别。网络环境下，社区图书馆如何提供高品质的网络接入和信息服务将继续受到挑战。

5.2 互联网背景下美国城镇与乡村基层图书馆服务模式

5.2.1 基本信息服务模式

互联网发展兴起以来，公共图书馆充分利用计算机及网络开展服务。对于图书馆来讲，技术应用最能吸引人们到图书馆中来。对于用户来讲，人们利用图书馆的电脑和网络改变生活和进行日常任务，利用图书馆的电脑进行各种联系和交往活动，利用各种社交媒体与家人和朋友联系，利用图书馆电脑进行各种学习、娱乐等活动。目前，对于美国大部分社区（小城镇或者农村地区）图书馆来说，公共图书馆的网络化、信息化程度一般都很高，他们一般都拥有自己的独立网站，即使规模很小的城镇图书馆或者图书馆分馆也会拥有自己的独立图书馆主页。

总体来看，这些城镇图书馆最基本的服务项目主要包括[1]，第一，网上信息发布。根据公共图书馆网站的建设目的和功能来规划网站内容。一般来说主要包括以下内容——图书馆概况：包括图书馆介绍、机构设置、人员组成（图书馆的董事会和图书馆馆员）、历史沿革、财务公开等信息；用户服务：包括入馆须知、办证指南、服务布局、特色服务等；图书馆动

---

[1] 根据伊利诺伊若干城镇图书馆网页调查总结得出。

第5章　互联网时代美国城镇与乡村基层图书馆发展进展

态：包括图书馆新书服务、图书馆儿童服务活动安排、各种培训展览等动态信息，以及图书馆发布的其他最新活动信息等。第二，图书馆基础业务的开展。如网上预约与续借图书，主要方便不能及时到馆的用户进行各种更新操作，具备图书馆证卡的用户可以在网上方便地开展此项业务服务。第三，图书馆数字资源服务。一般的城镇图书馆除了购买当地居民所需的商业化数据库之外，有的城镇图书馆开展专题数字馆藏服务。当地公共图书馆的数字化资料除了公共性资料，如小说、科普、各学科专业书籍、政府文件等网络信息资源，还有符合当地读者需求的当地特色文献（如家谱、地方志等资料），为创新性利用和发扬社区图书馆特色提供了基础。第四，图书馆社交群体的形成。近年来，facebook、twitter 等社交网站在美国很是发达，图书馆一般建立了社交网络地点，形成了一个虚拟的社交群体，方便用户与图书馆以及用户与用户之间的沟通。第五，图书馆在线资源的学习及培训。对于很多城镇图书馆，他们开辟了专门的数字资源版块，集合了一些在线学习课程、在线文献资源，从而为社区居民提供了终身学习的机会。2019 年的调研数据显示，在美国有超过 223 万人次使用图书馆的电脑进行各种教育活动、寻找和申请学历教育文凭和研究生课程、完成网上课程和测试，甚至申请财政援助等。在美国，儿童往往是图书馆最活跃的用户，几乎有一半的孩子在 2019 年到过图书馆，他们之中四分之一的人是一周去一次图书馆或者频率更高，一般是去图书馆利用计算机做功课或者其他活动。第六，网络利用及计算机培训服务。社区居民不论贫穷或富裕，都乐于到图书馆并依赖于图书馆的网络及电脑，尤其是利用图书馆电脑在线申请工作、申请政府福利以及了解医疗健康信息等。而馆员在这之中，起到了关键的信息导航作用。有时，图书馆会根据读者需求，安排计算机培训讲座。

总体而言，对于美国一个普通的城镇图书馆来说，其网络服务已经十分完备，图书馆信息化、网络化已经形成了一个比较完备的体系，除了传统的网络业务服务，其他特殊服务也十分丰富。

美国社区图书馆网络服务模式具有以下鲜明特征，其一，以用户需求为中心，网络信息资源完备而丰富，服务形式也不拘一格。美国公共图书馆一般都会把本馆具有的全部信息资源种类和信息服务形式放到主页上，根据当地社区居民的需求，挖掘更多的信息资源，开展多种网络信息服务。尤其是网络环境下，用户在网上可享受得到一站式的图书馆信息服务，这种适应信息用户的个性化、推送性的服务形式，在美国公共图书馆中已趋于普及。其二，灰色文献的收集和服务得到高度重视。美国公共图书馆对网络带来的信息交流变革非常敏感，充分发挥网络平台在信息收集、发布及服务方面的功能。如对当地历史档案特色文献，大部分社区图书馆都在开展此项工作，并逐步把一些有价值的资料进行数字化处理。在美国公共图书馆中，灰色文献几乎成为同正式文献一样具有相同地位的服务内容，而社区图书馆在开展此项工作的建设中起着重要的作用。其三，美国公共图书馆的网络服务设计与信息用户的学习、研究习惯相当贴近，提供了更多的信息开发利用渠道。其中特别是将各种学习和研究资源与信息服务集成起来，创造出了一系列新颖、便利而又人性化的服务方式。例如，很多图书馆开展的在线学习教育资源，或者图书馆开展的一系列计算机培训活动，都非常有利于美国普通居民提升自己的教育水平，有助于普通居民的研究性学习模式在美国公共图书馆的网络信息服务中应用。

5.2.2 电子政务服务模式

在全球电子政务迅速发展的背景下，美国2002年颁布的电子政务法第213部分指出，"研究并提高社区技术中心，公共图书馆和其他机构向公众提供计算机和互联网的有效性；社区技术中心、公共图书馆以及其他公共设施，应向市民提供计算机技术和互联网接入，提高当前网上政府信

第5章 互联网时代美国城镇与乡村基层图书馆发展进展

息和服务的获取"[1]。公共图书馆正在成为美国公众进行电子政务访问的依赖。美国不论大小的公共图书馆大部分都能够提供电子政务访问服务，在加强美国社会基础设施建设方面发挥了极为重要的作用。同时，这也为公众利用图书馆创造了新的需求，并为图书馆开辟了新的发展机遇。公共图书馆接受了独特的价值观，塑造了图书馆原有的信息资源中心。同时，大部分社区的公共图书馆已经接受了互联网的接入，作为电子政务的公共访问也越来越属于正常的信息活动，使得图书馆以更大的影响力在社区塑造着新的形象，培育了更多的信息用户。所有这些，构建了公共图书馆成为公民价值观和信任交织视域下新的社会角色，公共图书馆的这种责任逐渐向常态化发展[2]。

公平地获取信息、公正地使用美国宪法所赋予的权利一直以来被视为公共图书馆的基本职能之一。然而，公众能够免费获取政府信息和电子政务的场所是有限的，一些居民身边的城镇和农村图书馆在大多数社区中成为重要的免费接入公共互联网的接入点之一，加之这些图书馆在历史上一直与政府及获取政府信息有着密切的联系，所以一些公共图书馆支持电子政务的活动似乎是一个自然的进程[3]。美国联邦政府在20世纪90年代末开始实行电子政务的时候，建立了互联网基础设施服务，开展电子政务信息、通信等服务，就已经把公共图书馆作为一个主要的接入点。随着时间的推移，社会上政府信息的数量越来越多，电子政务的兴起预示着网上政府信息交流与网上办公的兴起，能够顺利在网上沟通与交流，对于平等地参与

---

[1] Public Law.107-347 E-GovernmentActof2002[EB/OL].[2012-09-12].http://www.gpo.gov/fdsys/pkg/PLAW107publ347/content-detail.html.

[2] Paul T. Jaeger and Kenneth R. Fleischmann. Public Libraries[J]. *Values, Trust, and E-Government. Intimation Technology and libraries*, 2007: 34-43.

[3] Paul T. Jaeger and ohn Carlo Bertot.Responsibility Rolls Down: Public Libraries and the Social and Policy Obligations of Ensuring Access to E-government and Government Information[J]. *Public Library Quarterly*, 2012: 91-116.

社会、平等地与政府互动有着至关重要的作用。从美国图书馆协会的声明可以看出对公共图书馆的认识："图书馆大力支持电子政务法，因为它提高了政府信息的获得性。因为它的颁布，公共图书馆往往是帮助个人进入政府机构和电子政府服务的唯一组织……""图书馆在电子政务中的关键作用，不仅能提供门户网站的访问，还为社区提供服务，为组织和分类信息提供必要的工具和专业知识，为公众获取政府信息和在线服务提供帮助，并通过实体和虚拟馆藏，培养人们使用电子资源的技能。"[1]美国公共图书馆与互联网的研究报告指出，社区图书馆越来越多地承担多项电子政务的角色和服务，根据美国公共图书馆2010-2011年度调查报告显示，美国有80.7%的公共图书馆为用户提供电子政务服务。电子政府服务被定义为通过使用信息技术——主要是互联网的方式，把政府的信息服务提供给市民、企业以及其他用户等。[2]

美国人民如何、缘何利用社区的公共图书馆开展电子政务服务？一方面，20世纪90年代以来，美国各级政府逐渐在取消"纸质办公"，并相应减少实体办公地点，转向网络阵地。因此，虽然很多市民可能难以访问或使用电子政务信息和服务，但政府机构都在关注并推广它，并作为政府节约成本的手段，而不是增加市民的实体访问。技术能力的缺乏是使用电子政务的普遍障碍，因此，很多民众从公共图书馆寻求协助，因为他们不会利用在线功能或根本不知道如何在网上从事互动业务与电子政务。即使精通技术的用户，对于电子政务服务而言，他们的能力往往也是有限的，他们在寻找所需信息的时候，普遍缺乏政府有关电子政务的结构、价值的了

---

[1] ALA.A statement to the U.S.Senate Committeeon Homeland Security and Governmental Affairshearing? E-Government2.0：Improving Innovation Collaboration and Access[EB/OL].[2012-05-08].http：//www.ala.org/ala/washoff/woissues/governmentinfo/egovernment/ALAE-GovernmentStatem.pdf.

[2] Nancy Fredericks. E-Government and Employment Support Services[J].*Library Technology Reports*，2011, 47（6）：33-37.

第5章 互联网时代美国城镇与乡村基层图书馆发展进展

解,因此就会产生电子政务信息获取或使用的障碍。即使美国人熟悉他们需要的所有文件,并且了解他们访问所需要的政府信息,还是有许多人需要图书馆馆员的帮助,指导其访问多个系统和了解政府系统,开展自己所需要的信息服务业务。随着互联网的深入,电子政务服务已经成为获得政府服务和信息的一种必要手段,而利用公共图书馆免费接入互联网,是当地社区、居民和地方政府的一个非常宝贵的资源利用中心。据2010年有关统计,在图书馆进行电子政府业务活动的用户当中,有40%的人是因为公共图书馆的电脑访问是免费的,38.1%的人则需要依靠图书馆馆员的协助指导完成电子政府服务环节。根据这项调查,我们可以看出,"支持与帮助职能"是公共图书馆开展电子政务服务的一个关键方面。由于电子政务的程序性,人们在使用电子政务网站时或者填写表格遇到困难时,总是需要一定的指导和协助才能完成,这体现了图书馆在电子政务方面的重要价值和重要意义。事实上,公共图书馆不只是为人们提供互联网的应用,而是构建了一个具有包容性、非排他性的电子政务使用环境。在信息和知识成为社会核心资本的今天,这些服务援助实际是对信息弱势群体获取社会资源和社会资本能力的帮助,是对其社会生存能力与发展能力的援助。由于公共图书馆的援助服务,减少了信息化带来的社会两极分化程度,起到了促进社会平衡发展,体现和维护电子政务公共价值观的重要作用。[1]

另一方面,一般意义上讲,人民对政治信息的认识、理解,在很大程度上取决于人民与政府互动的社会政治意识,这是由于电子政务的服务功能也是需要一定的网络社交方式来进行的。如果人民选择了电子政务服务,他们想要取得成功的信息或服务,在整个过程中实际操作起来有可能仍是困难。尽管如此,许多公众人士仍然积极争取与政府信息进行交互,最终赢得自己民主的权利。在美国的实际生活当中,一些地方政府依靠公共图

---

[1] 曹凌.美国公共图书馆在电子政务中的合作角色[J].图书馆理论与实践,2010(8):79-83.

书馆创建和维持其官方信息网站。但并不是所有政府都能依靠图书馆来开展政务信息服务的，在美国仍有更广泛的图书馆与政务信息没有被充分结合起来。但对于未来发展而言，公共图书馆开展电子政务服务却是一个趋势。在 21 世纪过去的 20 年中，社区图书馆出于需要从单纯提供电子政务的访问、培训、支持，转变为电子政务的信息产生地，从而为地方、州和联邦各级的民众直接提供政府信息援助。电子政务的服务是现在在美国社区图书馆最重要的角色之一。在可预见的未来，这种情况将继续成为公共图书馆的定义要素之一；在新的环境所赋予的现实条件下，社区图书馆应继承发扬这一角色并开展适当的图书馆服务、制定宣传方法，以促进图书馆进一步的成功。[1] 多年来，在全美各地的社区公共图书馆曾提供各种电子政务培训与服务，并免费提供各种政府信息援助。从某种意义上说，社区图书馆作为免费电子政务访问的功能以及获取政府信息的权利阵地，是建立公共图书馆行使"民主权利"社会角色的自然延伸。公共图书馆作为一个自由和开放的信息获取和信息交流的中心，其文化与政治影响在美国社会根深蒂固。

对于如何确保社区图书馆电子政务和政府信息的获取的能力。应从以下几个方面着手：

①社区图书馆必须进一步做好自己的工作，保证参与电子政务服务的能力。从公共图书馆的角色来看，公共图书馆是提供信息服务的机构，这是毋庸置疑的。因此，这就决定了其开展服务的内容的多样性，以保证能够及时为社区内用户提供电子政务信息和服务的访问，并提供培训、寻求失业救济和其他类型的社会基础设施服务，如延长驾驶执照、电子税务申报、查询医疗保险处方药以及其他日常电子政务活动。

---

[1] Paul T. Jaeger and ohn Carlo Bertot.Responsibility Rolls Down：Public Libraries and the Social and Policy Obligations of Ensuring Access to E-government and Government Information[J]. *Public Library Quarterly*，April 2012：91-116.

②当地政府在预算时必须考虑当地社区图书馆的角色。鉴于公共图书馆与联邦政府有着密切的联系,公共图书馆已经成为开展电子政务服务的重要信息场所。每年联邦政府大约只提供全部财政税收的1%作为公共图书馆经费,这显然是不够的。在地方一级的政府应该给图书馆提供更多的资金支持,因为公共图书馆对于社区的贡献是重要的。除非公共图书馆在社区中不能够满足其用户的需求,导致人们无法访问和使用电子政府服务,以及无法访问政府信息,公共图书馆才不会得到政府的支持。此外,考虑新的方法来激励公共财政可能有助于帮助图书馆提供公众获取政府信息和电子政务。

③社区图书馆的领导人必须承担相关的政府信息和电子政务决策过程中的重要作用。在当地的民主会议中讨论和决定涉及公共图书馆事务的时候,的确可能需要更加有效和高效的战略和方案,这就要充分显示图书馆领导者的才能,积极维护和建设图书馆与政府的关系。

④社区图书馆馆员应积极寻求与其他政府部门和社会机构的参与和协作。政府机构积极参与,并与公共图书馆合作,以提高公民通过公共图书馆提供服务的需要,这是公共图书馆开展政务服务的重要前提和途径。同时,许多图书馆已经建立了电子政务的数据库、政务用户指南以及相关服务的内容。更先进的项目甚至包括,将直接涉及政府机关和公共图书馆的服务融合在一起,但这种方案仍然比较少见,一方面给图书馆造成了更大的工作量,另一方面与政府的职责发生混淆。这些活动可能是更有效的机构直接与公共图书馆及其他机构合作,以生产电子政务资源满足普通用户的需求。用户可以通过在移至一个新的居住社区或设立一个新的业务过程中,尝试探索公共图书馆和其他机构协作资源的潜力。

⑤社区图书馆工作需要更好地了解政策制定者,公共图书馆的电子政务和政府信息的公共接入点,鼓励支持该项业务。美国各社区技术中心(CTCs)在20世纪90年代开始创造一种资助环境,给普通社区提供电脑

和互联网接入。然而，这些大多数 CTCs 的开展没有成功，因为它们没有吸引很多用户。此外，公共图书馆已建立了值得信赖的"供应商信息"职能，包括向社会各阶层提供政府信息。这些举措更多的是提供访问技术，使得图书馆成为互联网接入点，而不是通常没有提供援助的同级别 CTCs。以往此类举措并没有被传统社区信任。此外，整个城市提供免费 WiFi 的企业不提供公共图书馆服务的替代品，因为人们没有自己的电脑，不会从中受益[1]。

5.2.3 移动图书馆服务模式

移动图书馆形式是泛在图书馆也即当今智慧图书馆的主要特征之一，也是图书馆延伸服务的表现形式。移动设备在当今社会中无处不在，尤其是在互联网时代，网络使移动设施不受时空的限制，从而发挥更大的作用。移动图书馆（包括手机图书馆）服务是指面向移动用户提供的以智能手机、iPad、PDA（Personal Digital Assistant，掌上电脑）等移动终端设备为载体，通过无线接入的方式访问图书馆资源、阅读电子书、查询书目和接收图书馆服务信息的一种新型服务方式。[2]

美国社区图书馆界及时抓住移动通信技术与图书馆服务发展的契机，延伸图书馆服务职能，拓展移动图书馆的服务方式，在实际应用和理论研究方面成果显著。美国公共图书馆提供的移动图书馆服务内容丰富，除提供图书馆的书目检索、图书借阅、图书馆新闻讲座、参考咨询等基本服务之外，对实用类的服务内容也有所侧重。例如，绝大多数美国公共图书馆的移动图书馆服务均提供对图书馆具体方位的 Google Map（谷歌地图）导引以及工作时间、联系方式及常见问题解答等实用型服务，还提供数据库检索及电子书、音视频资源下载等资源服务，并针对读者日常生活需要提

---

[1] Paul T. Jaeger and ohn Carlo Bertot.Responsibility Rolls Down：Public Libraries and the Social and Policy Obligations of Ensuring Access to E-government and Government Information[J]. *Public Library Quarterly*，2012：91–116.

[2] 姜颖. 我国移动图书馆服务现状及发展对策——中美移动图书馆服务的比较分析 [J]. 图书馆建设，2011（12）：75–78.

第 5 章　互联网时代美国城镇与乡村基层图书馆发展进展

供诸如家庭保健、医疗、租赁等个性化服务。在移动图书馆服务模式方面，美国图书馆普遍采取 WAP 网站和 Application 应用相结合的方式，提供更多可供手机等移动设备直接使用的应用程序。

截至 2022 年，据盖洛普（Gallup）最新数据显示，97% 的美国人拥有一部智能手机；在具有无线网络的环境下可以随时上网操作。[1] 人们拥有移动设备并使用服务商提供的服务是至关重要的，这也给图书馆拓展了服务的契机，延伸了图书馆的服务功能。有些图书馆考虑到目前图书馆资金紧张、资源不足、人手不足，而没有开发移动服务。另外，这些图书馆可能考虑到开发移动用户特殊业务，会使其在图书馆正常业务上分心。图书馆长期以来一直是信息技术倡导和使用的前沿阵地，为了弥补宽带上网的不足，尤其是针对美国穷人和农村地区的居民，开展移动服务还是有一定潜在市场发展前景。从实际上来看，面对数字鸿沟时代，有些移动服务反而恰恰能起到缩小数字鸿沟的作用。在电脑和宽带网络尚未成为农村用户的理想应用对象时，使用移动互联网，能够通过移动网络为用户提供服务是至关重要的。

移动服务已经到来是毋庸置疑的：在这些庞大的手机用户当中，近一半使用它们来访问互联网。制造商创造出更多的智能手机，这些总数量要远远超过普通的计算机；谷歌正在开发第 N 代移动和台式机以及众多的操作系统；知名品牌手机不仅在手机市场分量充足，手机的强大功能在于更是像台式电脑一样便捷、实用。另外，美国 at&t 等手机供应服务商，对手机上网业务也提供了越来越实惠的套餐业务，吸引人们更多地使用手机上网。对于美国绝大多数中小型图书馆来讲，尽管其上网查找信息的用途体现着图书馆的价值，但与其他公共和私营部门提供的网络搜索业务相比，仍然不占优势。图书馆提供的服务毕竟是有限的，而且充满着学术或图书

---

[1] Gallup：调查显示"过度"使用智能手机的美国成年人比例升至 58%[EB/OL].[2022-12-20].http：//www.199it.com/archives/1452848.html.

馆业务色彩，与更专业的搜索引擎比如谷歌等比起来，还有很多进步的空间。移动服务时代正在蔓延并走进美国人的生活当中，他们也畅想能够像查阅网络信息资料一样随时随地查阅图书馆借还书情况，甚至查阅图书馆的信息数据。图书馆移动解决方案提供商 Boopsie 近期的用户使用模式分析表明，在其所提供的服务中，60% 的访问量与服务分布位置、服务时间、活动日程、博客及阅读列表相关，用户实际上对紧密联系图书馆与相关用户社区的基础信息和服务更感兴趣。[1]因此，增加用户实际需要的服务设置是美国公共图书馆移动服务体系开展的重要因素之一。美国图书馆员已经认识到这一点，并发出号召"现在是时候采取行动，并积极主动地为移动用户提供强大的服务"。

5.3 宽带网络计划与美国城镇与乡村基层图书馆发展

5.3.1 美国宽带网络相关法案与项目

（1）美国《2009 年复苏和再投资法案》

进入 21 世纪以来，美国网络普遍发展和建设起来，克林顿政府时期所倡导的"信息高速公路"已经建立起来。但随之而来的问题是美国人如何使这条"信息高速公路"畅通无阻，即如何提高网络质量、解决网络网速的问题，为此，美国进行了一系列的实践和探索。2009 年美国总统奥巴马推出《复苏和再投资法案》(American Recovery and Reinvestment Act of 2009，以下简称 ARRA 或者《复苏法案》)，涉及金额达 7870 亿美元的经济刺激计划。时代周刊网站发表文章说，ARRA 实际上将在能源、科技、医疗等领域产生深远影响；值得一提的是，ARRA 在启动非能源项目——

---

[1] Boopsie for Libraries [EB/OL].[2012-07-23].http：//www.boopsie2.com/libraries.html.

第5章 互联网时代美国城镇与乡村基层图书馆发展进展

资助宽带网络上也有较大贡献，政府比以往增加10倍的投资。[1] 具体规定包括，对于额外的宽带贷款成本的金额和贷款担保金，由"1936年农村电气化法"（Rural Electrification Act of 1936）授权和保证。由农业部门决定，在没有足够高速宽带服务的农村地区增加宽带网络连接，促进农村经济的发展。根据美国相关条款这些资金项目应优先给予并提供服务给比例最高的没有获得宽带服务的农村居民。如果一些地区至今没有接受任何其他宽带网络连接的项目支持，这些资金项目同样提供给这些地区。[2] 奥巴马在法案中谈道："加强教育、创业及社区创新的一个关键……是利用互联网的力量，这意味着更快、更广泛可获得的宽带"。ARRA的资助将提供最末端的宽带网络服务，这将有助于提供连接到家庭和企业的高速的互联网接入。《复苏法案》中关于宽带网络的规定，总体旨在利用联邦资金，在城市和农村地区——包括学校、图书馆等社区机构提供关键的服务。Middle-mile projects将会连接上述这些机构提供直接宽带服务，并改善他们的服务质量和宽带网络。[3]

（2）美国国家层面宽带网络计划项目

其一，国家宽带计划（National Broadband Plan，即NBP）。NBP是由美国ARRA执导下的联邦通信委员会（FCC）制定，其目的是最大限度地使用宽带推进消费者福利、公民参与、公众安全和国土安全、社区发展、教育、员工培训、私营部门的投资、创业活动等。NBP认识到今天高速互联网正比以前的基础网络设施更加快速地渗透到人们生活当中，并在改变着美国的蓝景。正如铁路和公路一样，宽带网络加速了电子商务的速度，

---

[1] 奥巴马经济复苏法正在改造美国[EB/OL].[2011-10-5].http://www.sinovision.net/index.php?module=news&act=details&news_id=145288.

[2] ARRA.[2011-9-21].http://frwebgate.access.gpo.gov/cgi-bin/getdoc.cgi?dbname=111_cong_bills&docid=f：1.

[3] RECOVERY ACT INVESTMENTS IN BROADBAND[EB/OL].[2011-9-21].http://www.whitehouse.gov/sites/default/files/20091217-recovery-act-investments-broadband.pdf.

降低了成本的距离；也正如电力一样，宽带网络创建了一个美国创造力的平台，促使创造新方法来解决老问题；也正如电话和广播一样，宽带网络扩大了人们的沟通能力、信息交流和娱乐功能。NBP强调，实施宽带网络是对21世纪初基础设施方面的一项挑战。基于此，美国国会呼应1934年通信法（the Communications Act of 1934），并指示联邦通信委员会制定了NBP，以确保每个美国人有接入宽带的能力。它的总体目标就是旨在确保每个美国人平等地接入宽带。[1]

其二，美国宽带技术机遇计划（Broadband Technology Opportunities Program，即BPOP）。BTOP计划的资金来源也是基于美国《复苏法案》的资金支持，由美国商务部国家电信和信息管理局（NTIA）管理，主要包括三个项目类别内的宽带技术机会计划，分别为：一、社区综合基础设施。主要是部署新的项目或改进的宽带上网设施（如铺设新的光纤电缆或升级无线塔）和连接"社会机构"，如学校、图书馆、医院和公共安全设施等。这些网络设施有助于确保社会增长的可持续发展，并提供增强家庭和企业的宽带互联网服务的基础。二、公共计算机中心，即建立或升级新的公共电脑设施，向公众或特定的弱势人群，如低收入者、失业者、老人、儿童、少数民族以及残疾人士，提供宽带接入。三、可持续宽带应用。重点推广和增加宽带互联网的使用和采纳，使一直没有得到弱势群体充分利用宽带技术。实施的项目包括数字扫盲培训和宣传活动，以增加在人们的日常生活中相关的宽带网络知识。[2]

其三，宽带基础设施项目(BIP)。宽带基础设施项目，即Broadband Infrastructure Program，简称BIP。BIP是由美国农业部农村公用事业服务

---

[1] Nation Broadband Introduction[EB/OL].[2011-9-21].http：//www.broadband.gov/plan/1-introduction/.

[2] Broadband Technology Opportunities Program（BTOP）[EB/OL].[2011-9-21].http：//www2.ntia.doc.gov/about.

第5章 互联网时代美国城镇与乡村基层图书馆发展进展

（RUS）管理，是为回应美国《复苏法案》而建立。BIP 提供贷款、赠款和贷款/补助金的组合方式，以协助应对迅速扩大横跨美国农村的宽带访问和宽带服务的质量，以满足法案的要求和挑战。BIP 实施的对象重点是农村地区。[1] 通过一次性投资和基本训练，宽带网络还在设备、硬件和软件等方面资助公共计算机中心——包括那些在农村及其郊区的计算机中心，促进新一代农村居民的数字扫盲，以缩小数字鸿沟。

（3）美国州及以下宽带网络实施项目

美国州以下的宽带网络实施项目，虽然各州都有所行动，但伊利诺伊州及其下属各市做得比较突出，在此应用典型案例进行该州宽带网络计划的介绍。

其一，伊利诺伊州宽带计划项目。美国州际及以下宽带网络设施项目在各个州都有不同操作及实施方案。伊利诺伊州政府宽带网络项目的目标是连接伊利诺伊州每个社区使其成为 21 世纪世界一流的网络社区。其支撑也来源于美国《复苏法案》的法律保障。伊利诺伊州在竞争激烈的宽带赠款和贷款中得到《复苏法案》中 72 亿美元的资金支持，使通信基础设施不足和没有获得网络服务的社区基础设施得到明显改善。[2] 此外，伊利诺伊州的宽带网络项目资金支持还得到芝加哥市政府、伊利诺伊大学信任委员会、Partnership for a Connected Illinois（PCI）、伊利诺伊中央管理服务部以及伊利诺伊各县及其他 12 个合作伙伴支持[3]，这些合作伙伴一起为开展此项活动共同努力，来实现州政府关于宽带网络的既定目标。

其二，"厄巴纳-香槟"大宽带计划项目。"厄巴纳-香槟"大宽带（Urbana-Champaign Big Broadband，简称 UC2B）是伊利诺伊大学香槟分校

---

[1] Broadband US[EB/OL].[2011-9-21]. http：//www.broadbandusa.gov/BIPportal/index.htm.

[2] Broadband Introduction[EB/OL]. [2011-10-5].http：//www2.illinois.gov/broadband/Pages/intro.aspx.

[3] Grants awarded map[EB/OL].[2011-9-21]. http：//www2.ntia.doc.gov/Illinois.

区（UIUC）与政府间合作，致力于建设和经营整个香槟分校区的一个开放的光纤接入宽带网络。UC2B 项目是由美国伊利诺伊州的厄巴纳、香槟两个城市，以及 UIUC 和其他几个公共和私人合作伙伴共同构建而成。该项目的资金来源主要是由美国商务部 (U.S. Department of Commerce) 国家电信管理局（NTIA）提供 2250 万美元的资金支持。同时，伊利诺伊州政府提供 350 万美元的配套资金，两个地方城市配套资金又追加 340 万美元的资金。[1] UC2B 网络的基础，就是需要大量资金支持光纤支柱基础设施的兴建。最终，光纤光缆得以直接连接到厄巴纳、香槟、萨伏伊以及伊利诺伊香槟分校的 150 个社区。总之，UC2B 项目将使医疗机构、教育和娱乐机构、公共安全和政府机构以及社会服务和宗教组织都不同程度获得改善。除此之外，UC2B 项目还在社区图书馆、社区公共机房增加公共计算中心的技术支持和指导。这样，在这些公共计算中心，可采取持续的措施加强教育推广计划的实施，从而为未接触过网络的人们提供和加强培训、娱乐和网络社交的机会。

5.3.2 社区图书馆建设与宽带网络发展

对于公共图书馆等图书情报机构在宽带接入中的作用，学者们也有了专门研究。Marijke 和 Alice Ball 认为公共图书馆在今天的知识型社会中确保宽带通信接入，起着关键的作用。宽带被图书馆认为是能够得到全方位资源获取的重要渠道，由于宽带的使用使得图书馆信息服务等发生着变化。学者还探讨了当前周围电信和政策变化环境下对图书馆的影响，图书馆应发挥技术的作用，起到社区中永久连接的作用。[2]

宽带是一个社区的财富。联邦通讯委员会（FCC）在国家宽带网络计划中提出建立一个目标：每一个社区的宽带网络都应该达到至少每秒 1G。

---

[1] What is UC2B? [EB/OL].[2011-9-21].http：//uc2b.net/.

[2] Visser, Marijke; Alice Ball, Mary. Information Technology & Libraries，2010，（29）4：187-194.

第5章 互联网时代美国城镇与乡村基层图书馆发展进展

而社区图书馆就应该承担宽带网络中的关键角色。事实证明,已经有很多农村图书馆成为农村地区宽带网络接触的中心。因为图书馆在社区中是民众高度信任的机构。另一方面,宽带网络在改善民生、促进社会发展当中将会起到重要作用。

图书馆扩大了它基本的服务功能,并且还提供以下服务:免费公共网络提供服务;电子政务提供服务;紧急和灾难事件救助站;互联网及其技术培训(包括青少年及老年人等弱势群体);与亲戚朋友网上通信交流中心;其他个性化信息服务中心;数字图书馆中心;虚拟、无缝连接的电子资源中心;数字化学习场所等。总之,图书馆作为数字信息资源中心,为用户提供了多方面的服务。以帮助用户找工作为例,2010-2011年度,公共图书馆基金会和技术委员会调查到他们为寻找工作者提供如下具体的服务,包括找到工作的数据库和资源(88%)、帮助完成网上申请工作等各种各样的信息服务(如表5-3所示)。

表5-3 美国公共图书馆提供找工作服务的相关信息服务

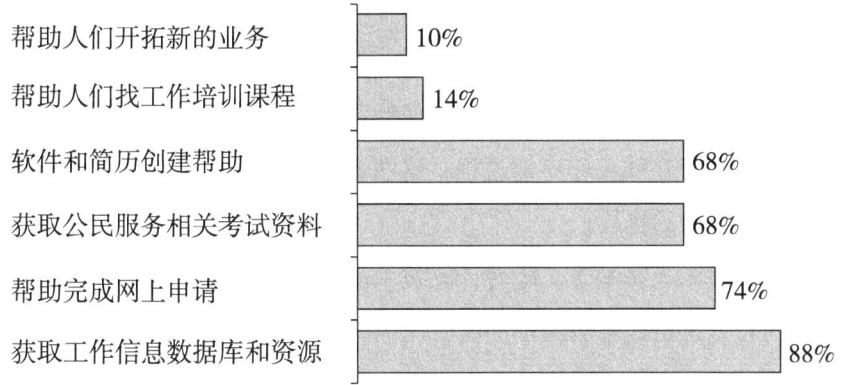

自从2006年以来,社区图书馆尤其是位于农村地区的中小型图书馆面临着"infrastructure plateau"即"基础设施高原"状态。早在2006年,一些图书馆的调研反馈就显示图书馆没有足够的空间、没有足够的连接能

力及无法扩大图书馆的电脑设施以满足用户的需要；公共图书馆越来越成为社区免费互联网使用和帮助的唯一接入点；公共图书馆的互联网承担着同时为传统服务和新型服务（如电子政务等）提供服务的功能；持续的经济低迷加剧着人们对公共图书馆的需求。

影响当地社区图书馆开展宽带网络服务的因素主要包括以下几个方面：

其一，缺乏综合规划能力。互联网环境下，需要综合规划图书馆的服务和资源。社区图书馆访问的工作站、宽带和WiFi属于公共接入技术环境，直接影响图书馆的高质量网络服务能力。公共图书馆不仅要有宽带网络接入点，还需要有无线网络服务，给持有移动设备的用户提供网络服务。尤其是容量规划不只是需要包括外部网络的接入和联系，而且需要图书馆内部的基础设施，包括路由器、交换机以及最新的工作站，从而能够为用户提供优质的公共接入服务。例如一些社区图书馆多是历史较为久远，馆舍陈旧，现代化的图书馆网络改造中诸如网络布线存在一定困难。这就需要图书馆决策者好好统筹规划。

其二，经济低迷因素。随着持续的经济不景气，一方面政府大力削减对图书馆的财政投入，另一方面由于经济低迷，越来越多的居民在家里负担不起宽带网费而到图书馆去上网，他们需要利用图书馆的计算机查询求职信息以及完成在线工作申请过程。这两者是矛盾的，更给一些社区图书馆带来前所未有的挑战。

其三，技术人员缺乏。随着计算技术的不断发展，图书馆也应该及时更新。对技术进行改造升级的同时，图书馆技术人员也应该实时更新自己的知识，以方便对用户进行培训，或者开展电子政务、教育、就业和其他关键服务。然而，图书馆技术人员的匮乏也是一直困扰社区图书馆发展的重要原因，图书馆虽然也通过招募志愿者的方式进行人员补充，但技术人员属于稀缺资源并不容易召集。

其四，网络服务与其他服务的较量。毋庸置疑，社区图书馆开展网络服务，已经成为公共图书馆的一项必需的服务。但同时，也必须意识到，公共图书馆还承担着其他诸如传统借阅服务、特殊项目开展等服务工作。图书馆需要在电子服务与其他传统服务之间做好平衡，因地制宜，有效开展图书馆整体服务。

其五，图书馆之间的差距。调查已经显示，农村图书馆的宽带网络连接、图书馆提供的计算机、技术人员等情况，与城市、郊区都存在着较大的差别。因此，发展不均问题，仍然是美国社区图书馆今后要解决的一个重要问题。美国政府适当对农村地区公共图书馆做出相关倾斜政策，以促进农村地区公共图书馆互联网及其技术的发展。

5.4 如何利用城镇与乡村基层图书馆弥补数字鸿沟

5.4.1 数字鸿沟的产生

现实生活中由于种种原因，很多人接触不到电脑和高速运行的宽带网络，造成一定的数字鸿沟，即便是在信息技术发达的美国也不例外。美国是个两极分化社会，一方面，它拥有优秀的网民群体；另一方面，美国社会也存在很多接触不到互联网络的群体。在上述背景下，数字鸿沟问题成为美国政府、美国众多图书情报学院及社群信息学等领域关注的焦点。

美国是个技术型社会。互联网等技术辅助社会发展。但信息技术不是中立的。据一些研究表明，信息技术的定义本身就体现了掌握技术的一方具有不公平的优势，特别是反映在工业文明的价值观上。但归根到底来说，技术塑造了形形色色的社会团体，以促进它们的价值和推动着精英社会的发展。当我们以批判的眼光来反观数字鸿沟，就会发现，研究者讨论的本身就是这么一个既定的现象——文化和科技的不平等。同时，这也将带来新的问题、挑战和考验。人们长期持有许多假设的问题，如用户访问互联网和使用能力的问题，用户如何能够始终使用新的信息和通信技术，技术如何独立于任何特定的环境或文化……诸如此类的问题抛给了所谓"公平"的信息社会。

在经典作品中往往把信息社会描述为精英公平竞争的环境，这当然是缩小数字鸿沟的目标。从网络技术的集成包括互联网背景下电话、电脑等通信信息等来看，技术带来的一切都可能彻底改变包括金融、制造和广告等所有行业。当然新技术提供了几个潜在的优势，刺激经济发展、促进电子商务、提高教育教学方法、改善偏远地区的医疗保健并提供电子政府的推动力。在贝尔的精英理论中提到，从较小团体中脱颖而出的个人可以有效地与富裕和特权的个人竞争。然而，在此之前必须加以考虑有限的教育资源和就业机会稀缺等因素。在教育、工作和消费机会上广泛的社会不平等模式是数字鸿沟的核心。数字鸿沟反映出在美国正在进行的社会不平等现象，由此可以解释美国根深蒂固的社会、经济和政治制度。尽管社会不平等的模式扩散在 IT 使用当中，而且这种不平等的 IT 使用，是现有的社会不平等现象的反思。因此，也才有了普遍服务的理论，这是美国的工业和监管政策的基石。这可能是公共服务的概念，也是中央调控政策的主要构建板块。从历史上看，普遍服务通常由垄断性的公共或监管运营商提供既定的融资机制。普遍网络服务的目标从来就不是简单的定义。这集中体现在普遍服务的措施上：网络普及率、计算机网络的物理访问以及服务可用性。普遍服务在本质上是保障通信无处不在。普遍服务具有前瞻性，以帮助未来宽带网络的建设。因为数字鸿沟远比数据本身情况更复杂，在美国，讨论数字鸿沟问题还导致产生了关于现有的社会经济和种族差异的讨论。

5.4.2 社区图书馆服务是弥补数字鸿沟的有效途径

社区图书馆之所以能够弥合数字鸿沟的原因在于社区图书馆是社区存

第 5 章　互联网时代美国城镇与乡村基层图书馆发展进展

在的凝聚力的体现。例如一个社区有可能有几个不同的教会,有许多相互竞争的企业,甚至有一些各种形式的学校,但几乎总是"只有一个"统一的公共图书馆在美国社区当中长时间地为社区居民提供各种信息服务。

其一,规范的法律支持。美国是一个法治的社会,政策是由规范的法律支持和保障,使得政府行动在执行的时候有法可依——美国政府《2009复苏和再投资法案》的颁布使得下属各级宽带项目的开展有法可依。法律的硬性规定,使项目争取到了更多的资金支持,并持续开展下去。辅以各州各部门相关法律法规的规定,使得各级政府的宽带项目管理井然有序。因此,从一定程度上来说,法律的健全,既是为政府行为的贯彻实施提供理论保障,又为普通居民权利的享有提供保护作用。社区图书馆是宽带网络项目最大的受益群体,尤其是处于偏远农村地区的社区图书馆,无论是资金还是设施上它们都享受到了很大的益处。

其二,成熟的管理模式。美国的宽带网络计划从一开始管理模式就比较成熟,各级政府连同当地社区机构(尤其是社区图书馆)共同努力、建设宽带网络。如今,光纤网络通道为主的宽带网络连接,在美国处于建设的兴盛阶段。在家庭宽带没有完全建成之前,社区图书馆还要承载信息化、网络化的重任,以缩小现在面临的基础设施差距、网络数字鸿沟。

其三,有效的执行载体。美国有很多公共计算中心(Public Computing)可以接入网络宽带。这些公共计算中心包括社区图书馆、社区专门计算机中心等。在美国人生活当中,第一类公众计算中心也是首选的公共计算中心即本地社区图书馆。每一个图书馆都是一个信息中心。众所周知,电脑是生产、获取和共享信息的重要工具,因此社区图书馆需要采取相应措施,使图书馆变成一个人们易于接入的公众计算中心。同时社区图书馆也必须使用新的方法来培训图书馆员,21世纪的图书馆员必须具备相应的电脑知识,只有这样,他们才能帮助社区成员跨越数字鸿沟,成为合格网民。美国正因有了社区图书馆等载体的支持,才使得整个网络宽带项目方案得以持续开展下去。

目前，宽带几乎触及美国社会的各个方面，为美国人提供了就业、教育、医疗保健、创业及参与活动等机会。在知识经济的环境下，没有网络接入的人们就会落后时代的可能性是真实的。认识到这种担忧，美国政府颁布相关法令、提供专门资金，以刺激经济增长和创造就业机会，扩大宽带服务的部署和执行。而美国社区图书馆对于弥合数字鸿沟，提供给美国人未来更好的发展机遇带来了转折点。

5.5 互联网环境下城镇与乡村基层图书馆未来发展面临的挑战

其一，宽带网络服务

虽然社区图书馆采用宽带的规模和速度随着时间而持续增加，但农村图书馆仍然落后于城市图书馆宽带网络的发展，导致宽带连接的容量和速度都比较滞后。在2010年到2011年度图书馆信息技术调研中，只有21.8%的农村图书馆采用光纤宽带连接，而城市图书馆的光纤宽带连接率为65.6%，郊区图书馆的宽带连接率为42.8%，可见农村和城镇图书馆的宽带连接仍然远远滞后于城市与郊区图书馆的宽带连接率。然而，农村图书馆有潜在的宽带网络发展空间，也即农村图书馆在拓展宽带网络服务方面，仍然有很大潜力，在发展成熟时期将会更好地服务于社区及其居民的生活。

其二，无线网络服务

由于图书馆遇到宽带容量和物理空间的限制，开展无线网络服务便成为很多社区图书馆开展有效的优质服务的重要举措。而且许多图书馆馆员也意识到越来越多的用户利用移动设备使用图书馆资源。这就要求图书馆升级自己的网络服务,提供给用户快速高效的无线网络服务。

其三,电子政务服务

根据美国经济形势新闻报道显示,社区图书馆越来越成为求职者求职的一个重要而安全的网络中心。近年来,美国政府逐渐取消纸质办公以及建设分散式的实体办公室,网络办公成为趋势,而社区图书馆成为连接政府和民众的重要的连接点。许多社区居民到公共图书馆填写诸如税收等政府的电子表格。这一方面给图书馆增加了工作负担,给图书馆带来了额外的压力;另一方面也给图书馆员的服务水平和计算机的可用性提出了严峻的挑战。但既定事实是公共图书馆作为电子政务服务的中心的职能越来越加强。

其四,提高数字素养

虽然几乎所有美国公共图书馆(99.3%)都提供免费电脑使用和互联网使用,但是许多市民仍然在努力获得电脑使用的技能,因为他们使用电脑和访问在线资源还存在一定困难。Larra Clark 和 Marijke Visser 在一篇文章中指出,现在有一个广泛的认识,认为"数字素养是民主进程的参与、教育的成功以及经济增长和创新的关键"。ALA 信息技术部的一些官员也表示,美国国家正在不遗余力地促使不同类型的图书馆在不同的社区发挥主导作用,确保居民公平获得信息资源和推动数字素养能力的提高。[1]

美国的公共图书馆系统是获取知识的重要场所,因而通过网络进一步取得平等获取知识的权利也是图书馆不断努力的方向。图书馆的政策和做法深深影响着公共互联网接入。如何为公众提供普遍均等的网络服务是图书馆努力的目标。今日的美国,公共图书馆系统包括有超过 16000 个的社区图书馆,知识在这个多元的文化社会中是动态的、不断扩大的,而公共图书馆利用固有的美国信息机构的特性,与时俱进,不断引进新的技术,

---

[1] Judy Hoffman. The Transforming Public Library Technology Infrastructure ALA Office for Research and Statistics Introduction. Library Technology Report. August/September 2011:5–6.

力图使得社区图书馆始终能为人们提供公平的服务。公共图书馆的此种做法也是美国文化制度的主要特点。公共图书馆同时表达了对美国社会的多元化的包容。在社区图书馆不论你是哪种肤色、文化程度怎样，都可以享受到图书馆的网络服务，正如可以获取到图书馆的馆藏信息一样。今天，在新技术、多媒体世界产生的信息洪流之下，以知识为基础的思想受到威胁时，社区图书馆承担起了有效弥合数字鸿沟的责任。社区图书馆利用其丰富的人力、资源、服务等，为人们提供了公平、正义的服务。

第6章　伊利诺伊州城镇与乡村社区图书馆的实证研究

美国社区基层图书馆的普及程度是众所周知的，我们在前几章对美国城镇和农村公共图书馆发展的历史背景和管理服务等情况进行了相关介绍和理论阐释。在本章的实证研究中，笔者将根据在美国城镇和农村社区亲身经历的访谈、调研等活动，对这些社区图书馆的发展背景、居民利用等情况进行分析研究，以印证美国官方的相关研究数据，并佐证笔者的相关理论及实践研究的观点。

6.1 伊利诺伊州城镇和乡村社区图书馆概况

6.1.1 伊利诺伊州城镇和乡村社区发展背景

20世纪初美国中东部城市在工业化的带动下迅速发展，许多城市突破了原有的市区范围，在近郊区形成了大量以居住为主的社区，伊利诺伊州也不例外。伊利诺伊州位于美国中西部，北接威斯康星州，东北濒密歇根湖，东界印第安纳州，东南邻肯塔基州，西隔密西西比河与密苏里州和艾奥瓦州相望。

伊利诺伊州的首府春田市，位于该州中部，人口11万，是该州的政治中心。芝加哥市是该州最大城市，地处伊利诺伊州东北角，人口289万，为仅次于纽约和洛杉矶的美国第三大城市和重要的工业、金融、农产品加工和交通中心。其中该州三分之二的人口居住在芝加哥及其周围地区。芝加哥作为一座拥有77个不同社区的城市，或许它最贴切的别称是"社区之城"。和纽约曼哈顿下城的移民文化大熔炉不同，芝加哥的各个社区主要由不同背景的移民族裔构成。这样的特点使得芝加哥如同一个百花齐放的迷你世界：一方面，人们可以在同一座城市感受到极为丰富的移民文化与传统；另一方面，城市的生态也因为不同社区较大的文化与经济差异而变得极为复杂。随着多元社区的发展，当地图书馆也越来越意识到社会需求以及它们自己与社区相关的责任。当地图书馆与其社区进行整合与密集利用，一些社区图书馆逐渐发展起来。芝加哥社区图书馆的社区意识在20世纪移民发展时期最为明显，雅各布·里斯（Jacob Riis）的著作《美国人的制造》（*The Making of a American*）和莉莲·沃尔德（Lillian Wald）的《亨利街上的房子》（*the House on Henry Street*）生动描绘了移民时代的场景。[1]同时那一时期也是美国东部城市工业扩张的最高峰，伴随着种种社会矛盾，导致了社会意识的诞生。工业化进程中的年轻人以及各种贫民窟的居民，在图书馆这个公共机构中寻求知识，或获取心理的安慰。社区图书馆对时势一如既往地敏感，它试图以自己的方式和自己的资源满足穷人、半文盲和弱势群体的需求。

如第二章所述，美国社区的发展随着美国工业化的发展是同步的历史进程，美国东部的伊利诺伊州也不例外。20世纪以后，芝加哥郊区发展的新社区和原先的农村社区的建设日趋完善，尤其是20世纪30年代后汽车工业的发展，使得郊区社区与市区之间的空间距离逐渐缩短，人们的通勤

---

[1] About the library[EB/OL].[2022-12-23].https：//www.chipublib.org/about-us/.

第 6 章 伊利诺伊州城镇与乡村社区图书馆的实证研究

方式更加便捷，例如从伊利诺伊州的香槟县到芝加哥市中心也就需要 3 个小时的车程，居住在周围乡镇的人们与大城市之间的往返更加频繁，这大大促进了芝加哥周围各种类型社区的迅猛发展[1]。以实用主义为原则的社区规划促进了社区功能的完整化发展，诸如图书馆的建立，给社区发展带来了蓬勃发展的生机和活力。然而不论是芝加哥地区还是伊利诺伊州其他县郡，社区图书馆与周围的生活紧密交织，在这个过程中，图书馆作为社区机构发挥了重要作用。图书馆为社区居民提供图书借阅、提供阅览场所等服务和流程或其他适合其自身情况的服务和程序。当地社区图书馆发挥了重要作用，并真正发挥了社会有效融合的黏合剂作用。

6.1.2 伊利诺伊州图书馆服务体系

伊利诺伊州图书馆服务体系主要由三部分组成（具体如下图所示），遍及伊利诺伊全州。这三部分分别是北部的 Reaching Across Illinois Library System（主要以公共图书馆为主，还包括高校图书馆、学校图书馆和特殊类型图书馆等其他的图书馆），南部的 Illinois Heartland Library System（以公共图书馆为主，兼及其他类型图书馆）以及芝加哥公共图书馆服务体系（Chicago Public Library System，简称 CPL）。本书研究对象主要包括伊利诺伊州中部香槟县的若干城镇图书馆和芝加哥市公共图书馆中的图书馆分馆，对此利用实地访谈法、问卷调查法、文献调查法等研究方法开展研究。需要说明的是，实地调研与访谈时间为 2011 年 9 月到 2012 年 9 月之间，部分文献调研和网络调研时间为 2022 年 9–12 月。

---

[1] 徐昊，罗燕. 解读美国社区发展及规划演变 [J]. 城市规划学刊，2009（7）：52-56.

图 6-1　伊利诺伊州公共图书馆服务体系（图片来源：芝加哥公共图书馆灰色文献）

迄今为止，芝加哥公共图书馆是具有多个地区图书馆和 81 个分馆的三个层次的网络体系。[1]芝加哥公共图书馆自 1873 年首次开馆以来，为所有芝加哥人提供了自由开放的聚会、学习、交流、阅读和改造场所。目前芝加哥公共图书馆下属的所有分馆提供了芝加哥人实现其目标所需的创新图书馆服务、技术和工具，并使芝加哥城市成为全球市场的竞争力量。芝加哥所有的图书馆是除了家庭和工作之外的第三个特别的地方，在这里人

---

[1] Ernestine Rose. *The public library in American life*[M].New York：Columbia University Press，1954：38–40.

们可以改善生活、滋养智力或享受娱乐。芝加哥公共图书馆包括每一个分馆都提供了丰富的馆藏、先进的技术以及多彩的文化和拥有良好的公共伙伴关系，使芝加哥公共图书馆成为芝加哥多样化社区中蓬勃发展、积极参与的领导者。[1]

6.2 伊利诺伊州香槟县社区图书馆调研

美国的小城镇在文化、政治和社会发展方面有一些特点，这些特点为其发展带来了某些独特的背景。首先，我们应该了解所调研地区（小城镇或村庄）的性质，即图书馆在其中扎根和成长的社会。在小型社区中，人际关系更牢固，人们互相认识。有的图书馆是以当地捐赠者的名字命名。这种友好和参与给了当地人们许多了解和服务图书馆的机会。而这些社区图书馆具有简约、实用的风格，它们朴素的外表下面隐藏的却是非常人性化、周到的图书馆管理与服务。有人说过，"初次到美国就应该到大城市看图书馆，而若长期（或者多次到美国）就应该了解美国小城镇的图书馆"[2]。美国有如此便利和广泛的图书馆体系，使得一个人很难在短时间了解到美国的图书馆全貌。笔者利用国家公派留学一年期间，集中一段时间抽取若干城镇图书馆进行调研，以窥探美国整个公共图书馆服务体系中的冰山一角。

2012年4—6月，笔者利用周末时间，集中对伊利诺伊州辖区内若干所中小型社区图书馆进行了走访和调研。调研的对象包括伊利诺伊州以下所属的公共图书馆：厄巴纳免费图书馆（Urbana Free Library）——属于中

---

[1] About the library[EB/OL].[2022-12-23].https：//www.chipublib.org/about-us/.

[2] Henry A. Sharp, with an introduction by Joseph L. Wheeler. Libraries and librarianship in America; a British commentary and comparison. London：Grafton & Co., 1936.

型社区图书馆,以厄巴纳免费图书馆为中心位置的其他四个小型的村/镇图书馆——属于小型社区图书馆。

本次调研结果主要包括馆长访谈(当地经济背景、馆情介绍、图书馆发展历史等)、居民问卷调研等形式,下文将一一展开介绍。

6.2.1 五所城镇和乡村社区图书馆调研概况

案例一:厄巴纳免费图书馆(Urbana Free Library)调研情况

厄巴纳免费图书馆位于香槟的中心地带厄巴纳地区,主要服务于厄巴纳当地的居民。这些居民的组成大多是与UIUC学校有关的教授、学生、当地一些原始居民以及各国访问学者等。厄巴纳免费图书馆正式成立于1874年,是美国伊利诺伊州最古老的公共图书馆之一。像早期为数不多的公共图书馆起源发展一样,它一开始是一个私人图书馆协会。1874年以前的厄巴纳图书馆协会每年依靠会员费和居民的捐款来运作,租用该镇主街上的一个屋子,作为当地一个图书阅览室。1874年,厄巴纳图书馆的发展发生了转折。当年,厄巴纳图书馆协会免费向厄巴纳市政府捐赠了该协会的845本书籍资料,由此开启了厄巴纳免费公共图书馆的新篇章。至今,厄巴纳图书馆在当地政府注册使用中的名字仍是"Urbana Free Library",意思是它免费给当地所有居民使用,没有会员费和其他任何费用。

图6-2 厄巴纳图书馆正门

第 6 章　伊利诺伊州城镇与乡村社区图书馆的实证研究

图 6-3　厄巴纳图书馆停车场门口的还书箱

在厄巴纳图书馆的发展历史中比较重要的日子是 1918 年 7 月 18 日厄巴纳新的图书馆重新开启了图书馆大门。目前，这座图书馆建筑历经一百年仍在使用中（如图 6-2）。该建筑是 Mary E. Busey 为纪念她 1909 年已故的丈夫 Samuel T. Busey（Samuel T. Busey 是美国内战中的上校，并在 1865 年加衔准将荣誉。他同时也是厄巴纳的市长、美国国会议员，是后来 Busey 国家银行的创始人之一），向图书馆捐赠了 35000 美元（这在当时来说是一个巨大的数额）而建的。Busey 上校的名字被刻在图书馆东大门，他的肖像在该图书馆 Busey-Mills 阅览室被挂起。如今，厄巴纳免费图书馆在由美国图书馆协会公布的美国国家评级中被命名为"美国最好的公共图书馆"之一，其为所有年龄的用户提供优质的馆藏和优秀的服务，因此赢得了很好的声誉。总之，厄巴纳免费图书馆延续了卓越的悠久传统，成为厄巴纳社区生活的心脏。目前来说，厄巴纳免费图书馆的目标是：通过建立联系和与合作伙伴合作来帮助社区蓬勃发展，为强大的社会发展做出贡献。具体体现在两个目标上：①通过图书馆馆藏和项目促进多样性、公平和包容性，让社区变得更美好；②促进联系和伙伴关系，以创建一个充满活力、参与度高的社区。

关于厄巴纳图书馆的管理方面，其一，图书馆董事会。图书馆董事会负责图书馆的整体运作和服务，包括预算、政策和规划。图书馆董事会的委员任命由市长和市议会确认。图书馆董事会成员服务期限一般是3年。董事会会议每月第二个星期的周二晚上7点半召开，会议向公众开放。[1] 从2022年9月调研来看，董事会成员由9人组成，任命期限不一，因此服务期限也不完全一致。其二，图书馆人员管理方面。像其他美国图书馆一样，该图书馆目前主要由正式馆员和兼职的人员以及志愿者组成。正式馆员的工资由州政府有关法律（Annual Report Under Illinois Public Act 097-0609）来实行，并对外公开。

在厄巴纳免费图书馆业务开展方面，除了常规的借阅服务、参考咨询服务、活动项目（包括儿童服务项目等），还着重开展了针对社区居民的新技术培训业务，即对社区居民开展免费的电脑使用等服务项目。如表6-1近五年（2018—2022年度）厄巴纳免费图书馆相关业务统计。

表6-1　2018—2022年度厄巴纳免费图书馆相关业务统计（单位：个／次）

项目名称	2018年度	2019年度	2020年度	2021年度	2022年度
图书馆活动项目／参与读者数量	789项／28423人次	814项／28232人次	622个／17201人次	575个／11008人次	457个／9323人次
图书馆总借阅证	11680	11571	12276	11728	13939
馆藏总量	377653	382453	450232	481281	402228
流通量	795178	759503	584184	621286	656082
参考咨询	65738	57417	37416	34141	40154
主页访问量	477013	460930	361517	349568	305008

---

[1] Urbana free library[EB/OL].[2022-12-08].http：//www.urbanafreelibrary.org/about/trustees.php.

第6章 伊利诺伊州城镇与乡村社区图书馆的实证研究

续表

项目名称	2018年度	2019年度	2020年度	2021年度	2022年度
图书馆电脑使用量	43030	37987	31772	7641	13395
志愿者服务时间（小时）	3111	2675	2163	1787	2953

注：①年度的统计日期为前一年的7月份到次年6月份。

②由于疫情影响，2020—2022年相关统计数据有下降的趋势。

笔者曾于2011年10月到2012年5月利用周末时间在该图书馆技术部进行了为期半年的志愿者工作，主要工作内容包括技术部中对于电脑常规使用工作的指导，重点负责"一对一"帮助老年人使用电脑的指导工作。图书馆技术部有三种颜色的电脑，其中黄色的宽屏的台式电脑是专门为老人所用，这种类型的电脑2012年时共有10台左右。这些到图书馆的老人主要是社区附近的老人，他们利用电脑娱乐（比如看视频、玩游戏等）；有的人利用电脑上网搜寻自己想要的信息；有的人利用电脑收发邮件；有的人利用电脑阅读下载图书馆的电子书籍等等。对于老年人来讲，他们也像年轻人一样有着渴求新知识、希望接触新事物、融入当今信息社会网络社会发展的要求。在实际生活中，有的老年人甚至都不会使用鼠标，但是他们仍然坚持学习。因为信息革命对社区的冲击力之大，是每个人都能感受得到的，老年人也不例外。对于老年人本身来讲，图书馆为扩大他们的视野提供了一个很好的平台，计算机知识的学习使他们更好地接触到新鲜事物，丰富了他们的业余生活；另外，对于图书馆来讲，体现社区公共图书馆平等为所有人服务的理念和原则，满足用户的需求，缩小数字鸿沟，帮助更多的弱势群体融入信息社会中。

图 6-4　厄巴纳图书馆专门为老年人使用的电脑

图 6-5　厄巴纳图书馆提供给其他普通用户和儿童使用的电脑

图 6-6　作者于 2011 年 10 月到 2012 年 5 月在厄巴纳图书馆实习工作照

第6章 伊利诺伊州城镇与乡村社区图书馆的实证研究

值得借鉴的是，对于图书馆人力资源管理来讲，志愿者服务是农村或小城镇图书馆的成功案例。具体实践是：该图书馆与伊利诺伊大学信息科学学院达成协议，每年都会有学生到该馆实习，这样既补充了馆内劳动力不足的状况又增加了学生的实习经验，从而达到双赢目的。

关于厄巴纳图书馆的服务，笔者也感慨颇深：其良好的服务环境，人性化的服务措施（包括为老年人、为儿童提供全面周到的服务），使图书馆在当地社区赢得了良好的声誉。主要开展的服务项目除了传统的借阅服务、参考咨询服务，在儿童服务工作方面也比较突出和细致化，细分为摇篮里的儿童讲故事活动（toddler story time）、学龄前儿童讲故事活动（preschool story time）等，以及为儿童提供户内户外活动项目。除此之外，为了有效辅助儿童服务，图书馆还专门为家长和老师提供了图书角和参考咨询服务。比较重要的是，图书馆联合当地几所小学，利用图书馆的资源和场地举办各种活动。

图 6-7 厄巴纳图书馆儿童图书借阅区包含了很多玩具

图 6-8 很多儿童在摇篮时期被家长带到图书馆来学习

图 6-9 厄巴纳图书馆阅览室中的儿童

图书馆除了为儿童提供服务，还为老年人提供专门的借阅服务，包括为老年人提供家庭送书上门服务等；其他特色服务项目还有家庭寄送服务；还有当地税收表格填写的服务；图书馆还为当地的居民提供专门的会议室

第6章 伊利诺伊州城镇与乡村社区图书馆的实证研究

供人们免费使用。

案例二：蒙蒂塞洛阿勒顿公共图书馆（Allerton public library at Monticello）调研情况

蒙蒂塞洛镇最初主要是以农业为主，在1920年到1985年镇上主要兴建了一批工厂（药厂和其他工厂），在20世纪逐渐由农业镇向工业城镇转变。20世纪90年代后工业化时代以后，随着工业中工厂的衰落，该镇主要向服务业发展起来，镇上居民到附近的大城市从事服务类的行业。

阿勒顿公共图书馆在蒙蒂塞洛镇发展历史较为久远。1895年，当地一些居民靠捐赠形式成立了一所私立图书馆。其后人们发现，这个私立图书馆馆藏等方面，远远不能满足当地居民的需求，于是当地居民在镇大厅中投票决定建立一个更新更大的图书馆。当时来自芝加哥的富人阿勒顿（Allerton）和该镇达成协议，由他来出资建设图书馆建筑和购买图书馆家具等硬件，而该镇靠税收支持保证能够维持图书馆的发展。于是图书馆顺利成立，走过了一百多年的风风雨雨（如图6-10所示阿勒顿公共图书馆）。

图6-10 阿勒顿公共图书馆外貌

图 6-11　阿勒顿公共图书馆馆长 Lisa Winters 介绍馆藏情况

由于最初捐赠者 Allerton 的杰出贡献，人们便以他的名字来命名这座图书馆。美国尊重这些为图书馆做出最初贡献的先驱，有很多图书馆都是以支持图书馆发展的人物名字来命名的。然而，这并不是故事的结尾。2008 年的春天，该图书馆又接到一笔巨额捐赠，累计达到 290 万美元。这笔捐款来自 2005 年在夏威夷去世的一名海军上将，他出生并成长于 Monticello，一生没有娶妻生子，在他的遗嘱中明确表示将财产的其中一部分捐献给家乡的图书馆。时任 2012 年 Allerton 公共图书馆的馆长 Lisa Winters 只记得大概 1990 年左右一位慈祥的老人到过图书馆来查找过一些档案资料，可能是当时图书馆的帮助和服务对于老人有着深刻的印象，使得老人能够做出这么一个伟大决定。这笔捐款对于图书馆的发展有着深远的影响。[1]

图书馆管理方面，图书馆主要管理人员是由馆长和 4 名兼职人员组成，另外还有 16 名青少年志愿者。馆长 Lisa Winters 拥有美国图书馆协会颁布

---

[1]　根据阿勒顿公共图书馆馆长的口述资料的采访整理而成。

第6章 伊利诺伊州城镇与乡村社区图书馆的实证研究

的图书情报学历学位,并且在该图书馆已经工作了20多年。另外重要组成部分是该图书馆的图书馆委员会,他们每月定期召开会议,对图书馆的发展做出决策。

图书馆服务方面,该馆的特色服务是图书馆的网络信息资源极其丰富。除了一般的借还书服务,还有网上百科全书、字典、地图、家庭作业帮助、课程指导等信息;有经典小说推荐;超过540门的继续教育培训课程;研究型数据库;美国官方的统计数据资料库;伊利诺伊州内公共图书馆和64所高校图书馆的在线目录查询;律师咨询业务;比较实用的网络链接(生活、旅游、教育等);伊利诺伊州的50个档案资料库。这些内容丰富的网络信息资源,对于一个只有5000多人的城镇可谓是丰富至极,也体现了图书馆信息服务的深入和细致。此外,对于儿童来说,该图书馆有丰富的儿童学习、娱乐设施(如图6-12所示),还有儿童新书推送服务、每周四上午的讲故事活动;周二的计算机培训服务等。

图6-12 Allerton public library 内部儿童阅览区

案例三:兰图尔公共图书馆(Rantoul public library)调研情况

截止到2020年官方统计,兰图尔(Rantoul)当地共有12371人,当地一部分居民从事农业生产,另一部分居民则在香槟市或者UIUC学校里工作。兰图尔也可以称作"睡城",白天人们在外面上班或者从事农业生产,街道上比较安静。

兰图尔公共图书馆也具有特殊性,主要由当地妇女组织来推动建立。1934年,兰图尔镇妇女俱乐部在村委员会提供的空间上建立了一个志愿者图书馆——一个简单的图书阅览室。1949年,妇女俱乐部又发起了一个倡议计划,要建立一个独立于村委员会的馆舍。经过居民表决以后,图书馆迁往了一个更加引人注目的场所。随着馆舍的扩大,靠税收支持的图书馆发展机制也在形成。2000年图书馆再次迁往一个更大的建筑之中。2003年4月经过改造的飞机场成了图书馆现有的建筑,即图书馆现在呈现在人们眼前的面貌(如图6-13所示)。

图 6-13 兰图尔公共图书馆外貌

在图书馆管理方面,图书馆共有17名工作人员,包括4名全职的馆员和13名兼职的人员。这些兼职人员平均每人每周工作两到三天,平均每天工作6-8小时,他们的工资也是按小时来计算,每小时8.5美元到11.5美元不等。图书馆委员会目前有7名成员,也是定期召开会议。

在图书馆服务方面,图书馆有专门为残疾人、老年人等不能到馆的用户提供上门服务。除了传统的书籍、光盘借阅服务,该图书馆还有24小时可以利用的数据库,与伊利诺伊州100多家图书馆达成协议可以进行馆际互借服务。当地居民在图书馆可以免费使用计算机、图书馆的 WiFi，而访客上机则需要每一小时 1 美元的收费。图书馆活动项目方面，每周四上午有儿童讲故事活动；为学龄儿童提供暑假阅读项目活动；提供青少年和成年人参考咨询服务（特别开通电话咨询服务）；还有帮助成年人找工作的服务项目等。

图书馆发展面临的挑战是，信息化网络化时代的到来，人们获取信息的途径越来越多元化，纸本书籍远远不能满足人们的信息需求，为了及时获取更新更快的信息，在采访中馆长提到希望图书馆能够提供更多的电脑帮助人们获得及时的信息。由于财政的不足导致雇佣人员的缺乏，希望有更多的志愿者加入图书馆服务的队伍中。

案例四：穆罕默德公共图书馆（Mahomet public library）调研情况

穆罕默德公共图书馆坐落于该镇的东南方向。2020 年该镇服务人口是 9434 人。自从 1980 年以来，该镇才迅速发展起来，该镇上居住的居民大部分是高学历的人，为 UIUC 服务，距离香槟市也比较近，因此很多人在香槟市工作，包括 UIUC 一些教授以及其他服务行业的工作人员。

该图书馆的前身也是一座私立图书馆，1966 年才确定成为靠税收支持发展的图书馆。经过几次变迁和迁址，2010 年经过当地的捐赠才建成目前比较大的一个馆舍（如图 6-14 所示）。而捐赠该图书馆建筑的人的名字，雕刻在一进图书馆大门左手的墙壁上。

图 6-14 穆罕默德公共图书馆外貌

在图书馆管理方面，目前该镇共有 13 个工作人员。除了馆长是全职的工作人员，其他 12 个人都是兼职工作，他们接受过一定的培训和业务指导工作，根据图书馆工作需要，轮流上岗服务。此外，目前图书馆还有 9 名志愿者，其中有 3 个人拥有图情硕士学位。图书馆委员会由主席、副主席、秘书和财务主管以及其他三位委托人组成。图书馆委员会的会议在每个月的第二个星期一的晚上 6 点在图书馆会议室举行。

在图书馆服务方面，目前图书馆开展最为成功的项目是儿童活动项目的开展。有暑假读书俱乐部、学前儿童讲故事活动。还有丰富多彩的在线资源，有数据库、电子书等资源，可以在线阅读也可下载。为了方便用户，图书馆开通了网上缴纳罚单以及网上捐款等服务项目。

目前图书馆面临的问题是财政问题。仅靠当地微薄的税收是难以支持图书馆的长期发展的，因此需要捐赠以及其他方面的资金支持。

案例五：约瑟夫镇宣誓者纪念图书馆（St.Joseph Township Swearinger Memorial library）调研概况

该城镇是一个小农耕社区，城镇上的居民主要是以农耕为主，但区别于传统意义上的农耕形式，主要是以机械化的操作方式，效率非常高。这些农民一般每年只有一季农作物的种植，秋冬季则休息，政府给予很大的补贴。农民只占整个城镇的一小部分，很大一部分人是在香槟市工作，从事着服务业的工作，依靠伊利诺伊大学香槟分校的大学城来谋取职业，养家糊口。白天的时候人们基本都在香槟市上班，镇上比较安静，该城镇也被图书馆馆长称为"睡城"。

约瑟夫镇宣誓者纪念图书馆在 1929 年是由当地妇女俱乐部志愿者在美容理发店发起的。同年，该图书馆迁往了 St.Joseph 高中。1956 年，Maude Davis 夫人为了纪念她去世的父母出资重新建立起了一个新的图书馆，因此该图书馆被称为"Swearinger Memorial library"。Maude Davis 夫人去世以后，图书馆成立了图书馆委员会来管理并维持图书馆的发展。St.Joseph 妇女俱

第6章 伊利诺伊州城镇与乡村社区图书馆的实证研究

乐部的人员依然在图书馆做志愿工作。1973年，当地全民公决，决定以税收形式为基础支持图书馆的发展。同时，图书馆正式更名为"St.Joseph Township Swearinger Memorial library（约瑟夫镇宣誓者纪念图书馆）"并沿用到现在。1988年图书馆接受了国家的拨款，扩大了馆藏面积，1992年2月形成现有的外部建筑面貌。从私人图书馆到税收支持的公共图书馆，约瑟夫镇宣誓者纪念图书馆一直在为当地提供重要的文献信息资源。[1] 比较有趣的是，今天当你走到图书馆正门前，你会看到地面上一块一块刻着不同名字的砖头，这是该图书馆吸收捐款形式的途径之一：无论你是谁，只要你向图书馆购买一块纪念砖，他们就会将你的名字刻在砖头上，并镶嵌于图书馆门前。图书馆以此种形式来吸收社会募捐，也是充分利用社会资本的形式。

图6-15 约瑟夫镇宣誓者纪念图书馆外貌

该图书馆除了馆长McKinney，其他四人都是兼职在图书馆工作。但只有图书馆馆长拥有图书情报专业学位，其他工作人员则没有。图书馆委员会由7名人员组成，都是当地其他行业的人。图书馆委员会会在每个月的第三个星期四定期召开会议（8月份和12月份没有会议），这些图书馆委员会委员有一定任期，并分为主席、副主席、秘书等，规模虽小，但职能

---

[1] 根据St.Joseph Township Swearinger Memorial library馆长口述资料整理而成。

俱全。

图书馆服务方面，除了一般的图书借阅、打印、复印、免费 WiFi 服务、馆际互借等方面，还有每周两次的儿童讲故事阅读服务，新书和新的 DVD 推送服务、暑期阅读项目活动、青少年阅读服务等。最有特色的服务是"家庭绑定服务"，图书馆定期为不能到馆的读者提供上门送书服务。

图书馆未来面临的挑战是如何扩大馆舍面积。随着藏书的日益增加和图书馆活动项目的开展，使得图书馆不得不扩大馆舍面积来满足日益增长的用户需求。

6.2.2 美国城镇与乡村社区图书馆管理与服务特点

鉴于厄巴纳免费图书馆是一个中等规模图书馆，除了服务当地居民，还服务于伊利诺伊大学香槟分校的一些师生用户，在下列图表中就将厄巴纳免费图书馆排除在外，不将其与其他小型城镇和农村图书馆做比较了。本表只列举出具有更相似特点的四个城镇和乡村图书馆的数据，并做比较分析。

表 6-2　伊利诺伊州社区图书馆调研数据总结

图书馆名称	蒙蒂塞洛阿勒顿公共图书馆（Allerton Public Library at Monticello）	兰图尔公共图书馆（Rantoul Public Library）	穆罕默德公共图书馆（Mahomet Public Library）	约瑟夫镇宣誓者纪念图书馆（St. Joseph Township Swearingen Memorial Library）
网址	http://monticellolibrary.org/	http://www.rantoul.lib.il.us/	http://mahome-tpubliclibrary.org/	http://www.stjoseph-townshiplibrary.info/
服务区域	9.9km^2	21.4km^2	25.36km^2	5.44km^2

第6章 伊利诺伊州城镇与乡村社区图书馆的实证研究

续表

图书馆名称	蒙蒂塞洛阿勒顿公共图书馆（Allerton Public Library at Monticello）	兰图尔公共图书馆（Rantoul Public Library）	穆罕默德公共图书馆（Mahomet Public Library）	约瑟夫镇宣誓者纪念图书馆（St. Joseph Township Swearingen Memorial Library）
服务人口	5941人[1]（2020年）	12371人[2]（2020年）	9434人[3]（2020年）	3810人[4]（2020年）
人均收入	$23257	$22744	$41978	$35292
管理机制	专业工作人员+图书馆委员会	专业工作人员+图书馆委员会	专业工作人员+图书馆委员会	专业工作人员+图书馆委员会
管理人员	1馆长+4兼职人员+16志愿者	1馆长+3全职人员+14兼职+志愿者	1馆长+12兼职人员+志愿者	1馆长+4兼职人员+志愿者
特色服务	极其丰富的数字资源信息服务	电话咨询服务	网上读者自主服务（如缴费、捐款等）	家庭绑定服务（送书上门服务）
合作网络	Illinois heartland library system	Illinois heartland library system	Illinois heartland library system	Illinois heartland library system
计算机及网络技术发展	1986年开始引入计算机管理和用户使用；1998年联网；有免费WiFi可使用	20世纪90年代引入计算机，2002年左右开始联网为用户服务；馆内免费上机且有免费WiFi可使用	2000年左右引入计算机并开始联网服务；馆内免费上机且有免费WiFi可使用	馆内免费上机且有免费WiFi可使用

资料来源：以上调研数据为2022年12月调研。

[1] Monticello, Illinois. [2022-09-04]. http://en.wikipedia.org/wiki/Monticello,_Illinois.
[2] Rantoul, Illinois.[2022-09-04]. http://en.wikipedia.org/wiki/Rantoul,_Illinois.
[3] Mahomet, Illinois.[2022-09-04]. http://en.wikipedia.org/wiki/Mahomet,_Illinois.
[4] St.Joseph Township, Illinois. [2022-09-04].http://en.wikipedia.org/wiki/St._Joseph,_Illinois.

另外，上表所列举的四个城镇和乡村社区图书馆除了管理与服务的特点外，还有高度相似的发展背景与发展路径。主要结论如下：

①从当地经济发展环境来看，早期的这几个城镇都是以农业为主的，属于伊利诺伊州中部典型的农耕经济模式。后期随着伊利诺伊大学香槟分校的发展，这几个社区图书馆的经济模式由农耕经济模式过渡到工业和服务业模式为主。根据 2020 年的统计来看，这四个小镇社区的人均年收入都在两万美元以上（分别为：Monticello $23257、Rantoul $22744、Mahomet $41978、Saint Joseph Township $35292），每个小镇仍存在少数比例的贫困人口。比较突出的小镇是兰图尔镇，该镇 2020 年仍有 16.3% 的家庭和 20% 的当地人口是在美国贫困线以下的。

②从这几个社区图书馆本身创建及发展来看，起初它们都是私立图书馆模式——或者是私人图书馆协会或者是当地妇女俱乐部创建而成，后期逐渐发展转变为依靠税收支持的公共图书馆发展模式，遵从了美国公共图书馆典型的"自下而上"发展结构模式，因而有稳固的人民支持发展基础，直到今天都能得到持续的发展。

③从这几个社区图书馆管理和服务上看，体现了基本相同的特征，这一方面说明了有地域相似性的因素，另一方面反映了美国基层图书馆发展目前已经趋于稳定的发展模式。首先，靠法律规定的税收支持是城镇和农村图书馆可持续发展的基本前提，另外这些中小图书馆也在源源不断地接受社会各种捐赠以拓展图书馆的业务发展。其次，图书馆委员会或董事会的机制是图书馆有效发展的重要支撑条件，更体现了这些基层图书馆健全发展的管理机制。最后，美国公共图书馆灵活的人员管理方式值得称赞。在保证具有图书馆职业资格认证人员必要管理的前提下，有效吸收了社会力量或志愿者的参与，充分解决了基层图书馆用人 / 人才短缺方面的瓶颈。

6.3 香槟县社区图书馆居民利用情况分析

6.3.1 调研背景

为进一步详细了解美国基层民众居民信息需求以及社区图书馆的利用状况，笔者以美国典型的农业地区——伊利诺伊州香槟县作为抽样调研对象，利用2011-2012年公派赴美学习期间调研了伊利诺伊州五个中/小城镇社区（包括Urbana镇、Monticello城镇、Rantoul城镇、Mahomet城镇和St. Joseph城镇）的居民，了解当地社区居民人口基本构成，以及利用图书馆情况，并了解他们在互联网时代对于网络计算机的利用状况。这些数据虽然属于10年前的一手调研数据，但对于今天中国基层图书馆的发展仍具有参考意义。

伊利诺伊州是美国中北部偏东的一个州，大体上属于美国中部的一个平原地区，素有"林肯之地""草原之州"的别称。该州北部和中部的黑土非常肥沃，为世界上最佳耕地之一。而笔者所调研的香槟地区就位于伊利诺伊州中北部，以盛产玉米、大豆而出名。[1]尽管该地区内以农业为主，但随着工业化、信息化时代的发展，在这些农耕地区普遍实行机械化操作，因而剩余劳动力以服务业为主。香槟地区最著名的就是伊利诺伊大学香槟分校，该校拥有超过3万名的学生和教职工。因而附近城镇很多人本着靠山吃山、靠水吃水的传统为该校服务从而谋生，大部分当地城镇居民在UIUC从事着与学校相关的服务业活动。从当地居民的文化环境来看，美国人也有着优良的读书传统，每个城镇目前都有按照税收法律支持发展起来的图书馆，这些城镇图书馆历史悠久，服务和管理都非常完善。

本调研问卷的调研时间是2012年6月，调研地点主要包括香槟县各小镇中露天农贸市场以及其他各个城镇（包括Monticello城镇、Rantoul城镇、

---
[1] 伊利诺伊州简介[EB/OL].[2022-12-20].http：//baike.baidu.com/view/190007.htm.

Mahomet 城镇和 St. Joseph 城镇）中的咖啡厅、城镇附近的加油站等人群聚集较为密集的地方。问卷调研时间持续近两周时间，共计 6 天。本次调研研究的目的是：①通过抽样调研问卷，调研了解美国社区民众的信息需求基本状况，以及他们对于图书馆的利用及对于图书馆需求的情况。②通过对调研相关数据的对比分析，发现当地居民使用图书馆、使用计算机的情况等。本次调研的最终目的是了解当地社区图书馆的开展情况，民众对于社区图书馆实际利用情况，从而为本书前几章的理论基础和发展现状给出实证性的佐证和支撑。

本次调研共发放问卷 100 份，收回有效问卷 86 份，有效回收率为 86%。调研结果基本上反映了伊利诺伊州香槟县基层民众信息需求及利用图书馆的状况。在调研过程中，我们本着可信度与效度性相一致的原则，力求调研结果的真实和有效。

6.3.2 香槟县社区居民利用图书馆实证调研

通过调研及相关数据分析，我们从伊利诺伊州居民的基本情况、利用图书馆情况和计算机使用状况三方面进行分析。

（1）基本情况

通过对调研对象的数据分析，我们得到调研对象的以下基本情况：

①调研对象性别情况。男性 36 人（占 42%），女性 50 人（占 58%）。如图 6-16 所示。由于调研存在随机性，因此造成男女性别比例稍有不均，但并不影响调研数据本身的质量。

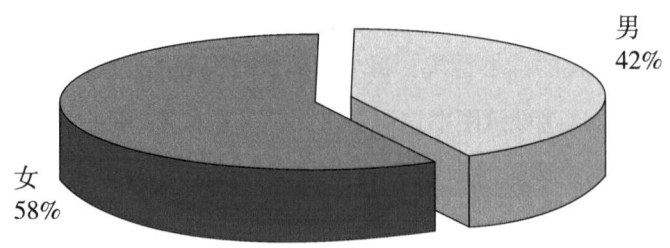

图 6-16 调研对象性别情况

②调研对象年龄结构情况。根据美国相关法律的规定,为了保护美国未成年人的隐私等合法权益,我们的调研对象仅限于成人,即18岁及其以上的美国成年公民。在所有调研对象中,18-29岁占33%,30-39岁占16%,39-49岁占12%,50-59岁占19%,60岁及以上占21%(如图6-17所示)。从本调研数据我们可以看出,美国各个年龄阶段访问图书馆的人群当中,18-29岁的青年人和60岁以上的老人访问图书馆的比例较大,分别为33%和21%。

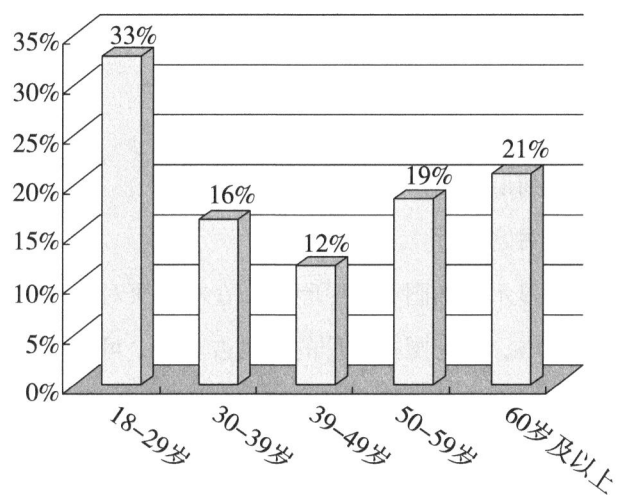

图 6-17 调研对象年龄结构情况

③调研对象文化程度情况。在调研对象的86人中,小学文化程度有3人,只占3%(此三人均为步入耄耋之年的老人,早期由于环境所限没有受到过高学历教育),其次初高中学历,占23%,大学教育水平占31%,大学以上占42%(如图6-18所示)。由本调研数据显示,美国受过大学以上教育水平的人达到73%,我们可以推断,越是受教育水平高的地区,对图书馆等文化机构的依赖程度也越高。受教育水平与文化机构之间是有着一定的联系。

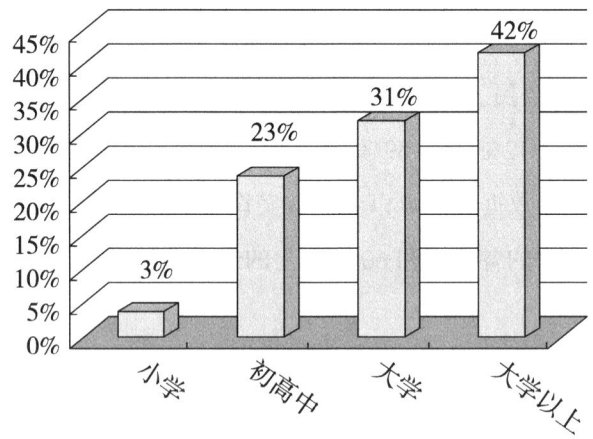

图 6-18 调研对象文化程度情况

(2) 调研对象利用图书馆情况分析

①是否持有图书馆证

通过调研数据显示（如图 6-19 所示），在本调研对象中，拥有图书馆证的美国居民占 79%，没有图书馆证的居民占 21%。可见在美国香槟城镇地区，每 5 个人中就有 4 个人拥有图书馆证，他们已经把图书馆融入自己的生活当中。需要澄清的是，任何人在美国即使没有图书馆证也都可以毫无障碍地到图书馆进行书籍阅览、上网活动、参加图书馆各项其他活动、学习自习等。拥有图书馆证和没有图书馆证的区别，主要体现在借阅书籍资料上，图书馆证主要是作为一个借阅的凭证，偶尔也会体现在其他方面。而办理图书馆证也是完全免费的，只要出示自己在当地居住的有关证明即可当时拿到借阅证。总之，美国居民持有图书馆证的比率要远远高于我国的水平，一方面说明美国基层图书馆普及率高，另一方面说明美国人热爱图书馆、经常到图书馆从事相关活动。

第6章 伊利诺伊州城镇与乡村社区图书馆的实证研究

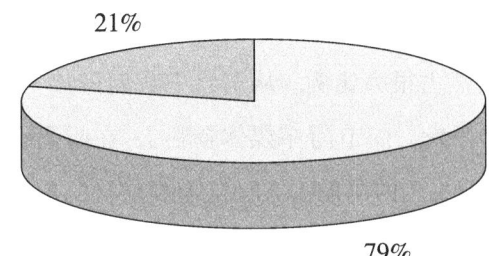

图 6-19 调研对象是否持有图书馆证

②调研对象访问图书馆频率

从调研数据中我们可以看出美国居民访问图书馆的频率（如图6-20所示），在过去的12个月中，从来没有到过图书馆的居民在我们86人的调研数据中只有3人，占调研数据的3%；而过去12个月中，到过图书馆1–5次居民比率占30%，这说明在日常生活当中，当人们遇到某些问题时还是把图书馆当作信息交流中心或者当地社区中心。而在过去的12个月访问图书馆11次以上的居民在调研所有的对象中占67%，其中在过去12个月访问图书馆超过21次的居民，比率高达41%。这说明图书馆在当地社区中，已经成为人们经常访问的公共场所之中重要的机构之一，图书馆已经成为美国人生活当中重要的组成部分。

③调研对象到图书馆进行活动情况

从上文我们了解到，美国城镇居民利用图书馆的频率是非常高的。而他们到图书馆进行的活动也是丰富多彩的。尽管已经

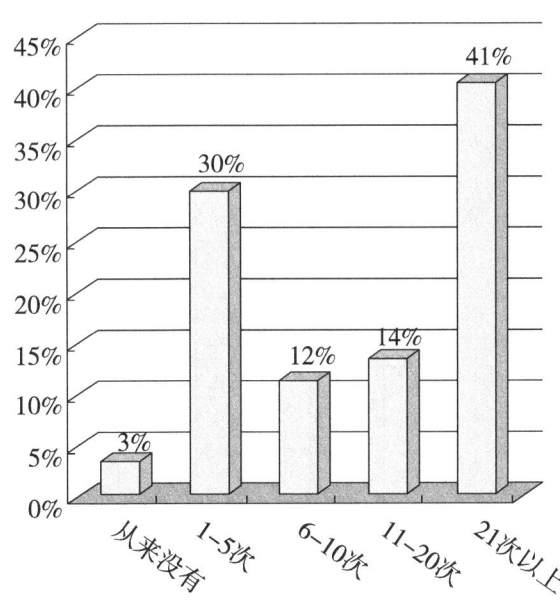

图 6-20 调研对象访问图书馆频率

步入信息时代的网络环境下,图书馆还是承载着传统的功能,即借阅书籍资料和阅览书刊仍然占很大比例。从调研中我们得知(如图6-21所示),图书馆借阅馆藏(书籍、DVD等多媒体资料),在所调研对象中,比例占76%,到图书馆阅览书刊的居民占69%。需要交代的是,美国城镇图书馆的馆藏十分丰富,不仅包括书刊资料,而且各种DVD、CD等多媒体资料也丰富多彩。由于地广人稀,美国也被称为"车轮上的国家",人们一大部分时间是在开车路途中度过的。人们经常从图书馆借阅光盘放在平时驾驶的车中,在开车当中听音乐、听故事等。其次,美国城镇图书馆的参考咨询工作,也做得十分到位,在所调研对象中,进行参考咨询活动的调研对象比例高达63%。而到图书馆进行休闲娱乐的比例占55%,说明当地的图书馆具有休闲娱乐的功能。而陪伴儿童到过图书馆的用户比例也高达49%,充分说明美国基层图书馆儿童服务方面开展得十分到位,因此才能吸引如此众多当地居民带着孩子到图书馆。此外,这些基层图书馆还有着其他重要功能,如当地居民利用图书馆特定空间开会、利用图书馆进行电子政务服务、利用图书馆的计算机找工作等。

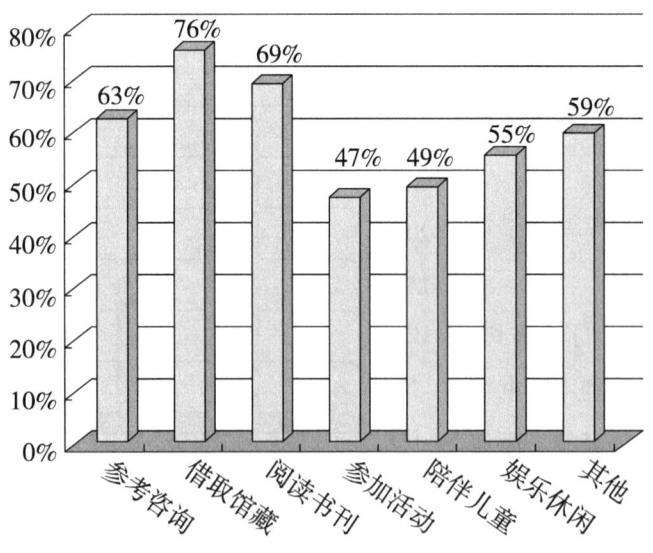

图 6-21 调研对象到图书馆进行的活动

第6章 伊利诺伊州城镇与乡村社区图书馆的实证研究

④影响调研对象使用图书馆的因素

本次调研中，根据美国 UIUC 导师 Terry Weech 的建议，在影响美国当地居民使用图书馆的因素中共列出四项因素，分别为：图书馆合理的服务时间；图书馆丰富的馆藏；图书馆有益的馆员帮助；图书馆距离家的远近。调研结果显示（如图 6-22 所示），有益的馆员帮助是最能吸引人到图书馆来的因素，在调研对象比例当中占 77%；而影响人们到图书馆四项因素中最不重要的因素竟然是图书馆丰富的馆藏，在调研对象比例当中占 49%。因为，图书馆发展到今天，时代赋予了图书馆更多的功能，图书馆更多地承担起了信息中心、娱乐中心等社区中心的职能，因此最能吸引人们到图书馆的是服务软件，超过了图书馆本身的硬件馆藏建设。距离家的远近也成为影响居民到图书馆的重要因素之一，由此可见，在基层图书馆的布局设置当中，一定要把图书馆放在最贴近居民利用、方便居民利用的环境当中，这样才能方便居民使用，从而吸引当地社区居民到图书馆来。

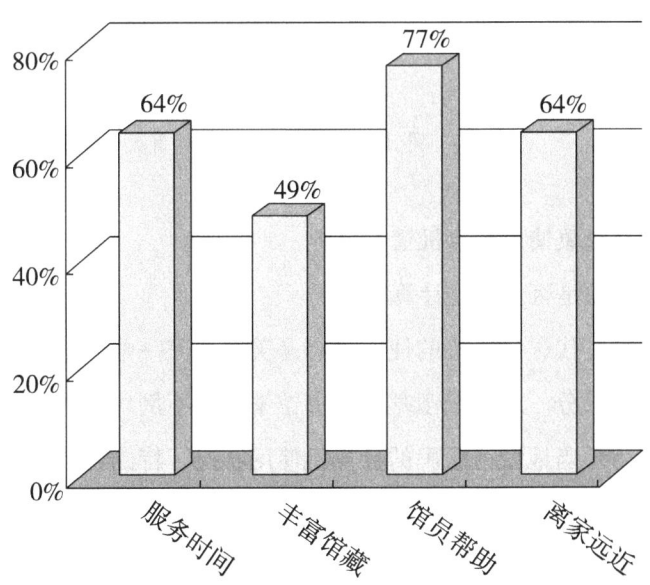

图 6-22 影响调研对象使用图书馆的因素

⑤调研对象读者满意度调研情况

为了进一步了解美国居民对身边社区图书馆即基层图书馆使用情况的结果,笔者在调研中对图书馆管理和服务满意度进行了调研,和预想的结果基本一致。如图 6-23 所示,其中对图书馆管理和服务感到非常满意的用户占 80%,而认为图书馆管理和服务一般的有 17%。在调研结果中,没有对图书馆感到不满意的用户,这充分说明,美国基层图书馆开展得还是比较成功的,得到大家的支持和满意。这缘于图书馆本身管理和服务的到位,在调研中发现用户的反馈也是对图书馆的普遍赞誉。

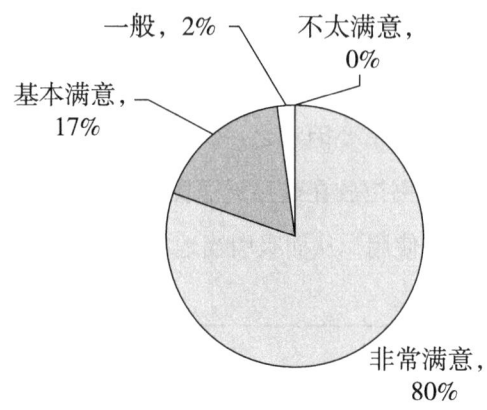

图 6-23 调研对象对图书馆满意度情况

(3) 调研对象使用计算机情况分析

①调研对象是否使用过计算机情况

在互联网时代,计算机的使用已经是美国任何一个公共图书馆必不可少的重要组成部分。对于城镇基层图书馆来说也不例外。为了进一步调研美国伊利诺伊州当地城镇居民的计算机使用状况,特此开展了关于调研对象使用计算机情况的调研。在调研对象中,我们得知,使用过计算机(会使用计算机)的当地居民占 92%,从来没有使用过计算机(或不会使用计算机)的当地居民只占 8%。在信息科技如此发达的美国,这个调研数据

第6章 伊利诺伊州城镇与乡村社区图书馆的实证研究

比例对于美国来说是不足为奇的，但是横向与我国基层民众（尤其是农村地区居民）使用计算机状况或者计算机信息意识方面相比较，还是比我国民众计算机使用比例要高一些的。

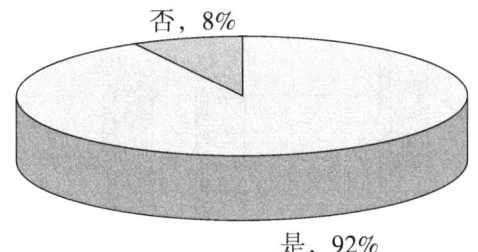

图6-24 调研对象是否使用过计算机情况

②调研对象使用计算机地点分布情况

在调研中，我们列举了城镇居民经常使用计算机的若干地点。其中，经常在家里使用计算机的用户占80%，这是比较合理的结果，因为大部分美国家庭都具备了网络连接的条件。而我们比较关注的是在公共图书馆使用计算机情况。从图中我们可以看到，所调研对象在图书馆使用计算机的比例高达53%，可见公共图书馆在当地社区中公共网络接触当中，还是起到了重要的作用。在美国，由于没有网吧，为人们提供计算机利用场所的责任自然就由公共图书馆来担当了，而公共图书馆又是当地靠税收支持起来的免费的公共机构，因此人们在公共图书馆中使用计算机也是免费的。不仅如此，人们在公共图书馆中使用计算机如果遇到问题，还可以得到馆员的热心帮助，因此才有很多人选择到图书馆中来使用计算机。当然，在美国也有一部分家庭没有计算机，因此公共图书馆变成了人们免费使用计算机的重要场所。即使家中有互联网和计算机的用户也经常会到图书馆去上网，以便能够得到馆员的帮助。究其主要原因，这与公共图书馆的机构职能是分不开的，公共图书馆有责任使每个人都能够通过不同途径和方式获取信息。在网络时代，公共图书馆的功能在不断扩大，而行使信息机构权利的责任则一成不变。

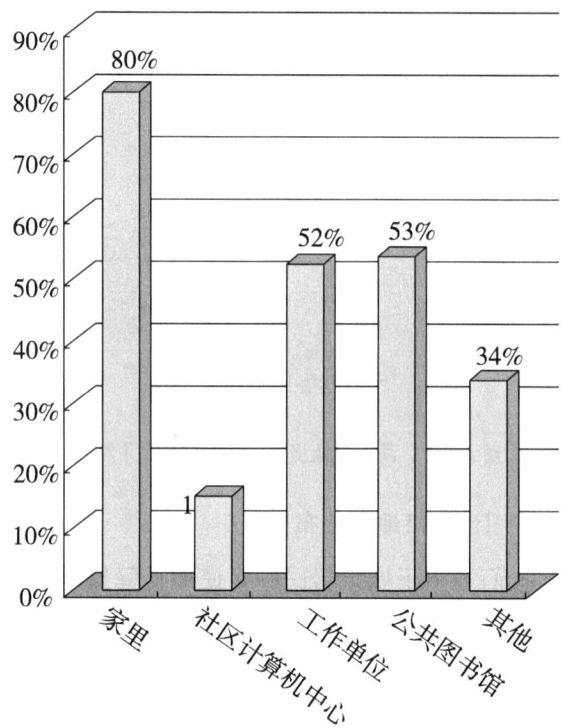

图 6-25 调研对象利用计算机地点

③调研对象使用计算机活动情况

为更进一步详细了解美国居民在图书馆使用计算机的情况,我们做出以下调研。人们利用计算机进行学习活动占调研对象比例的59%,说明美国基层民众的学习意识很强烈,美国基层图书馆也有很多电子数据库和学习资料等,方便了当地社区居民的继续教育。另外,人们利用图书馆进行休闲娱乐和信息交流的比例也在增大,分别占34%和33%,充分显示了城镇基层图书馆的功能,不断丰富社区居民的生活。此外,基层公共图书馆的一个重要功能,就是人们借助公共图书馆的免费计算机和网络找工作。随着美国信息化的发展,人们寻找工作信息、在线申请职位、填写表格等工作,都需要通过网络进行,人们在图书馆进行此项活动不仅因为图书馆网速快,而且可以得到图书馆馆员的帮助。

第6章 伊利诺伊州城镇与乡村社区图书馆的实证研究

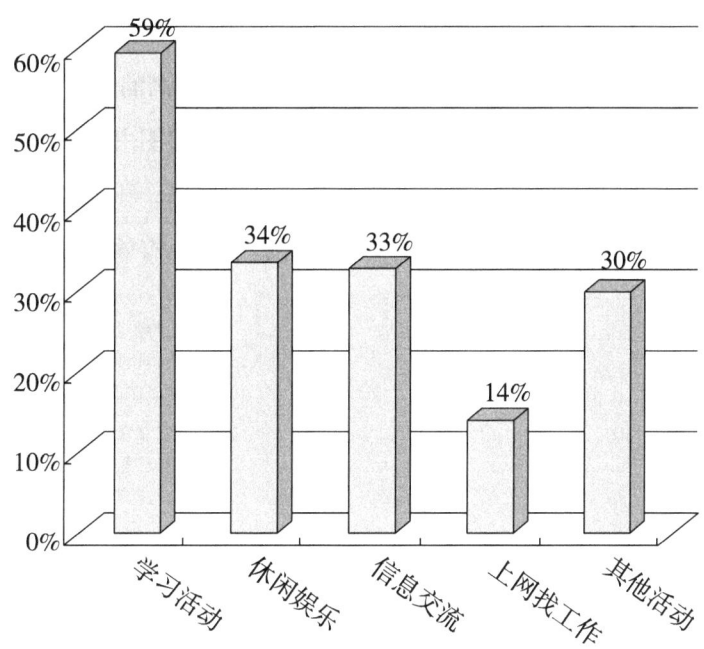

图 6-26 调研对象利用计算机进行的活动

6.3.3 香槟县社区图书馆居民利用状况分析

以上香槟县的调研结果在不同程度上反映着这一时期美国基层社区民众利用图书馆的情况，由此，我们可以得知美国城镇乡村居民利用图书馆的若干基本特征：

其一，美国社区居民对图书馆的依赖程度很大。从上述调研中用户持有图书馆证、到图书馆频率等可以看出，社区民众对于图书馆有着很大的依赖程度和深厚的感情。基层图书馆的发展繁荣与基层民众的充分利用是分不开的。两者成正相关关系，越是充分利用社区图书馆，社区图书馆越重视为民众提供服务。

其二，美国社区图书馆开展的活动较为丰富多彩，同时也成为吸引民众到图书馆的重要因素。除了传统的书籍借阅、DVD或多媒体材料的借阅，图书馆通过开展各种各样的活动，使图书馆成为社区的中心。在美国人民的生活中，人们乐于把图书馆当成获取知识、休闲娱乐的场所，更是当作除了家庭、工作单位的第三空间，使图书馆赢得了较高的读者满意度。

其三，随着信息技术及网络化的发展，美国基层图书馆紧随时代的步伐，为社区居民提供先进而有效的计算机及网络服务，积极普及宽带网络计划，开展免费的网络信息查询和上网指导服务，为有效缩小数字鸿沟做出一定贡献。

第 7 章　美国城镇与乡村基层图书馆发展经验与启示

7.1 美国城镇与乡村基层图书馆发展的经验

7.1.1 多方面的社会发展条件支撑

在第 3 章我们介绍到美国公共图书馆发展的必不可少的社会条件包括政治发展、文化发展、经济发展等，以及法律保障、人道主义精神、志愿精神等社会支持条件。这些发展条件共同支撑了美国 100 多年来公共图书馆服务体系的可持续发展。

1848 年波士顿首次通过法律规定的形式开启了公共图书馆建立的先驱，美国公共图书馆的发展一直有着良好的民众支持根基。由于经济不断发展、法律制度逐步健全，乡镇自治的新英格兰地区带动了该地区基层城镇图书馆的普遍建立。在这些地区，图书馆的先驱者通过游说当地居民，争取选票，拉拢支持力量，最终通过法律的形式，建立了一座又一座的基层社区图书馆。在整个美国公共图书馆发展当中，美国东部地区图书馆的建立引领着全美图书馆建设的先锋。随着经济的逐步发展，中部和西部地区的一些进步人士也逐渐加快对于文化追求的脚步,人们也逐渐通过法律的形式,建立起当地的图书馆。19 世纪后期到 20 世纪以来,在美国广袤的大地上可以看到一座又一座的图书馆在各个城镇和乡村中建立起来。美国公共图书馆的发展历程充分体现了正是强大的民众力量,才支持公共图书馆快速而普遍地发展起来。

美国的政治环境,产生了当地税收支持的公共图书馆发展模式。在美国公共图书馆制度的发展过程中,主要推动力不仅仅是人民对图书馆事业的需求,更是人民"获得图书馆服务"这一权利的逐渐深化和扩展。这实质上是人民不断扩展其在图书馆公共事务上的权利的过程,并由此推动了图书馆制度安排和制度环境的变迁。美国基层图书馆发展路径从人民自发支持作为"前期过程"到政府作为图书馆指导主体的"后期过程"中,具有典型的民众支持到政府主导制度变迁的特征,并且这一过程始终以拓展图书馆服务为目的,以人人享有普遍均等的图书馆服务为价值取向。这种成功的图书馆模式源于美国社会历史条件发展及其文化历史根源。

尽管美国公共图书馆发展的社会历史条件,不是每个国家都具有的,但图书馆事业发展与每一个国家的社会历史发展紧密相连。我们仍可以从美国城镇与乡村基层图书馆发展历程当中,借鉴适合本国需要的经验,结合本国社会历史条件,努力探寻自己图书馆事业发展之路,找出适合本国图书馆事业发展的最佳模式。

7.1.2 健全的法律和行政管理制度

美国城镇和乡村社区图书馆发展治理模式,主要是政府主导与当地分权委托管理相结合的制度,各州政府与地方政府对于图书馆的发展有着很大的支持力度。在州政府和各地方政府的引导发展下,各州都有着用于支持图书馆发展的法律制度,并且各个图书馆的行政管理制度也较为成熟。

美国早期的图书馆发展是以人民意识的推动作用为主导,逐步建立了前期的若干图书馆;而到后期公共图书馆真正要普遍发展起来的时候,则

第7章 美国城镇与乡村基层图书馆发展经验与启示

是联邦政府和各州政府在美国公共图书馆体系发展当中起到了重要的作用。各州政府通常在公共图书馆体系中扮演着重要的角色。首先，它建立了一个全州范围内所有的公共图书馆都必须遵守和施行的图书馆法律。虽然各州的图书馆法各有不同，但是只有州政府才能授予各县相关法律措施的权利。同样，只有州政府具有宏观上对图书馆体系进行规划和领导的能力与权限。各州法律及法案颁布的主要目的在于规范图书馆发展，延伸图书馆服务，尤其是促进农村地区图书馆的发展。在具体实施中，各州制定计划，充分利用州政府的资金促进农村地区图书馆的发展。根据农村地区的人口及人均收入水平来分配图书馆的资金，受益主体主要是人口在10000以下的村庄或者城镇社区。在1956年《美国图书馆服务法案》的支持下，各州以不同形式展开实际行动，例如从政府对图书馆发展条件的调研到个别地区示范项目的开展，都取得了很好的成果，从而有效促进了县图书馆包括城镇和农村图书馆的发展。美国城镇和农村公共图书馆体系整个规划和项目的实施过程中，始终围绕着两个目的：增加服务质量和增加服务普遍性。除了进一步对城市地区图书馆进行持续的关注外，在公共图书馆体系发展中，政府还增加了对农村和城镇图书馆的建设与服务问题的相关规定，并强调了农村和城镇图书馆在图书馆服务体系的作用以及馆藏发展等规范与规定。

美国各州都拥有自己独立的图书馆事业，每个州都有自己的图书馆法律法规体系，并且靠地方政府来支撑起来。但同时各州或者州内图书馆之间又组成一个庞大的图书馆合作服务体系。由于美国各州的政治环境不同，政府机构不完全一致，因此在作为公共部门——图书馆的设立来看，都是根据地方环境因地制宜建立起来。正如本书第4章中所介绍的，美国的公共图书馆设立上，大多数公共图书馆与地方政府某种形式的公共机构有着关联……公共图书馆是市政府组成的一部分，或者公共图书馆成为政府机构外独立的政府单位，或者公共图书馆是县或教区的一部分，或者公共图书馆根据政府间协议有着多司法管辖区的法律基础等。可见，美国的公共图书馆并没有完全遵从政府"一刀切"的行政模式，而是各州根据政府职能关系以及当地居民的投票选举形式，决定公共图书馆建立的行政模式。地方政府在当地公共图书馆，尤其是基层图书馆中，更加开放、有效率和负责任，同时也积极提高服务标准，展现了当地具有挑战性的绩效管理。美国的城镇和乡村公共图书馆几乎没有统一的模式，大体上是按当地社区的行政机构来运作，但根据各个州的实际情况也并不完全一致。

7.1.3 有力的社会资本参与支持

美国城镇与乡村基层图书馆社会参与制度的最大特点是充分调动社会资本办馆的模式。所谓社会资本，一般是指个人或团体在一种组织结构中，利用自己特殊位置而获取利益的能力。[1]罗伯特·帕特南（Robert D.Putnam）将社会资本从个人层面上升到集体层面，并把其引入政治学研究中，从自愿群体的参与程度的角度来研究社会资本。帕特南指出，公民对于公共事务的参与有助于产生自发的社会网络组织及成员间的信任和规范，这是市民社会生存所依赖的社会资本。其他一些学者研究表明，"以社会参与行为和自愿连属组织为代表的社会资本是市民社会的基石，人们不仅可以通过社会参与和自愿组织活动，更加积极地参与社会政治生活和公共事务……而且可在自发形成的组织活动中自然体验到民主的程序和实质"[2]。

美国早期基层社区图书馆建设在很大程度上得益于"社会资本"的力量对图书馆的帮助。美国的公共图书馆发展肇始与大多数国家重要不同之处在于，美国的公共图书馆事业是"自下而上"的发展形式，即图书馆的发展靠底层人民力量兴起，而不是由政府直接主导发展起来；在这个过程中主要靠人民力量积聚的社会资本来支持图书馆的发展。直到现在，一些地方还是依靠人民投票选举是否在当地建立一所公共图书馆或者决定图

---

[1] 社会资本理论 [EB/OL]. [2012–11–17].http：//baike.baidu.com/view/1510410.htm.

[2] 社会资本理论 [EB/OL]. [ ]2012–11–17].http：//baike.baidu.com/view/1510410.htm.

第7章 美国城镇与乡村基层图书馆发展经验与启示

馆的重大发展事项。美国图书馆持续发展的"社会资本"主要包括政治力量或者政治因素、人民参与、社会力量等若干方面（具体如图7-1所示）。

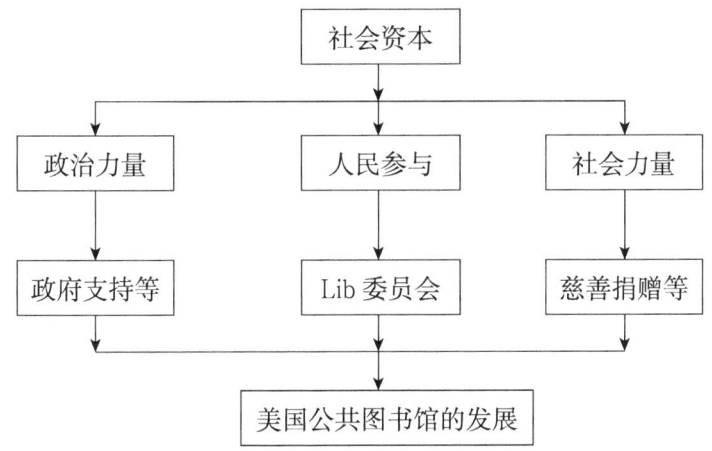

图 7-1 美国公共图书馆发展社会资本支持示意表

其一，政治因素在当地图书馆发展中起着主要作用。政治力量对图书馆影响很大，公共图书馆总是在地方政府的规划中享有政治优先权，每个城镇的图书馆财政在当地的政府预算中总是占有一席之地。同时，公共图书馆是按照法律规定设立的，国家和当地政府的计划对图书馆影响很大。公共图书馆经过多年的发展，值得承认的事实是政府的政策和决策是驾驭地方公共服务的关键力量；地方的公共服务是政府计划的必要的一部分，公共图书馆在积极保障公民教育和终身学习中的作用非凡，因此在公共服务机构中占有举足轻重的地位；而具有现代化、知识化理念的政府是解决社会包容和加强图书馆建设的重要力量。

其二，人民参与是图书馆可持续发展的重要因素。从早期私人图书馆发展到后期税收支持公共图书馆，人民的参与自始至终起着重要的作用。最典型的就是图书馆委员会的建立。图书馆委员会作为图书馆的决策或咨询机构，它是社会力量参与管理图书馆的一种重要形式。自从1890年以后，美国各地的图书馆委员会相继成立，造成的直接影响是无论国家还是地方的图书馆活动都明显加快。图书馆委员会以选举的方式成立，任何人都有资格当选为图书馆委员会成员。图书馆委员会作为激活和加速公共图书馆发展的一个重要机构，为很多地方图书馆的发展提供了保障。在19世纪后半期中，由美国州政府支持的图书馆法律的颁布和图书馆委员会的成立，是美国公共图书馆理念付诸实践的证明。

其三，支持美国持续发展的主要力量还有社会力量，主要包括各种社会团体（如早期的妇女组织、读书会等）以及社会慈善捐赠的力量。这些源源不断的社会力量支持和捐赠，是图书馆可持续发展的重要补充力量。美国不论大小的公共图书馆都在探索各种形式的筹款活动，以补充纳税税款对于图书馆事业发展资金的不足，例如很多图书馆成立了专门的图书馆发展基金会用于支持图书馆的长期发展，使得图书馆财政支持资金走向专业化和常态化，从而为当地公共图书馆发展发挥了稳定、持久的财政支持作用。

值得一提的是，美国公共图书馆发展当中，还有一个不可忽视的社会力量，就是各种协会的支持，尤其美国图书馆协会（ALA）对于公共图书馆发展的支持。ALA组织在美国公共图书馆发展当中起着重要作用，Ernestine Rose这样描述图书馆协会的重要作用："美国公共图书馆史上两件重要的事情，第一是波士顿公共图书馆的建立（靠税收支持的免费公共图书馆的建立）；第二是1876年，ALA组织的成立。尤其是ALA成立以后到现在，促使美国公共图书馆的数量稳步增加，同时图书馆也在拓展各种活动领域和多种功能。"[1]ALA作为一支非官方的专业组织，在促进公共图书馆全面发展的各个方面发挥着举足轻重的作用。可以说，没有一个其他国家的图书馆组织在公共图书馆的发展过程当中能像ALA一样发挥着如

---

[1] Ernestine Rose. *The public library in American life*[M]. Columbia University Press, 1954: 21.

第 7 章 美国城镇与乡村基层图书馆发展经验与启示

此中坚的力量。

7.1.4 专业的职业资格认证制度

在美国的社会变革中,图书馆学职业如同正统的医学等教育职业获得了尊重,并通过法律手段获得了最强大的支持。在 1876 年 ALA 成立大会上麦维尔·杜威(Melvil Dewey)宣布图书馆工作成为专业化职业的时代已经到来,从此掀开了图书馆员职业化的序幕。这标志着图书馆职业被确定为一种崇高的职业,以支持图书馆事业的发展。随后,图书馆学专业教育的出现为图书馆职业活动从技艺性定位转变为专业化定位添上了最后一枚砝码。[1] 目前,美国绝大部分州已经颁布了公共图书馆员职业认证制度,其认证制度由各个州自行决定,并且差别较大。[2]

目前,美国公共图书馆服务队伍主要有具有职业资格认证的图书情报背景的专业馆员、其他的非专业工作人员、兼职人员,以及大批量志愿者队伍支撑着美国公共图书馆的发展。对于小城镇图书馆来说,一个图书馆一般具有一到两名的专业图书馆馆员(同时有可能兼职担任领导者的职位),而同时会拥有若干名兼职工作人员(非专业人员)进行图书馆日常业务的运作管理和服务。值得注意的是,不论是什么样的图书馆工作人员,他们都有着较高的职业素养,包括较高的职业道德、职业意识、职业行为习惯、职业技能等,最重要的是他们都有一颗为用户服务的敬业的心。图书馆员研究了用户的心理以及兴趣,尤其是通过研究社区居民的兴趣点,图书馆员才有可能有针对性地通过当地社区图书馆活动、图书馆书籍、图书馆人事进行规划,更好地开展图书馆服务工作,最终使图书馆可持续发展下去。

对于专业的图书馆馆员来说,必须通过一系列的职业资格认证制度才

---

[1] 于良芝. 图书馆学教育呼唤战略思维 [J]. 图书与情报,2006(4):26-33.
[2] 冯佳. 美国州公共图书馆员职业认证制度比较研究 [J]. 中国图书馆学报,2012(3):28-37.

能成为一位名副其实的"图书馆馆员"。而美国的职业资格认证制度又有着极其严格的程序。纵观全美的公共图书馆员职业认证制度可以发现有以下特点：①政府对于图书馆的职业资格认证有着宏观指导推动作用，如在美国各州的公共图书馆员认证制度中，政府正日益成为认证制度的推手。一些州的认证制度与当地的公共资金挂钩。获得认证是成为图书馆馆长和城际交换馆员的必备条件，这就使得某一图书馆是否能够获得公共资金支持，也即图书馆是否以服务为己任成为担任馆长和城际馆员的前提，从而能促进图书馆服务的发展与提升。一些相关政策法规或相关标准的出台，以及地方法规中有关公共图书馆员认证的规定条款，也都需要政府的密切关注才得以促成。②强化公共图书馆领导认证。图书馆管理者，尤其是图书馆馆长，在引领图书馆发展、指导图书馆工作正常运转、保障图书馆社会功能最大程度彰显的过程中起着无可替代的作用。美国各个州的公共图书馆制度都无一例外地明确指出馆长或管理者需要进行职业资格认证。这种对公共图书馆馆长强制认证的规定，能有效地提升图书馆工作的运作效率，提升图书馆工作的管理水平，在很大程度上带动其他有能力的从业者进行认证，为图书馆管理者队伍储备了一大批有水准的后备力量。③加强小型公共图书馆员认证。具体表现为美国不少州的公共图书馆从业者认证制度等级是严格按照服务人口数量来进行划分的，其中不乏对服务人口数量较少的基层图书馆员的认证要求。④公共图书馆员认证制度多与继续教育相结合，几乎所有的周期性认证制度对换发新证者都做出了继续教育方面的要求和规定，保证了图书馆从业者对新知识、新技能的学习与发展。[1]

具体到每一个州的图书馆职业资格认证来说，这些不同职位的职业资格认证因州而异。一些州要求对公共图书馆馆长进行认证，在其他州图书馆委员会要求对所有图书馆人员进行认证。在存在认证的地方，如威斯康

---

[1] 冯佳. 美国州公共图书馆员职业认证制度比较研究 [J]. 中国图书馆学报，2012（3）：28-37.

星州，认证仅限于服务人口的规模。在学历层次要求方面，在最小的社区，图书馆工作人员的教育要求可能是高中文凭加上图书馆培训；而较大的图书馆对图书馆员的要求则是获得美国图书馆协会认可的图书馆和信息研究项目的硕士学位。

7.1.5 可持续和与时俱进的发展理念

公共图书馆必须不断了解和采用变化的方法以适应社会的变化和用户的需求。尤其是当今时代背景下，美国各州社区图书馆也能加强自身业务调整，适应特殊时期社会环境的变化，并始终把满足用户的需求放在第一位。在美国公共图书馆发展历程当中，从新英格兰地区的自治乡镇图书馆到西部县、城镇（村）图书馆的普遍发展，从大城市总分馆服务体系到农村地区流动图书馆的发展，美国公共图书馆的发展无不体现着及时适应环境变化，与时俱进，并重视用户各种现实需求。美国各种大小不一的社区图书馆能够及时适应环境的变化，才会有持续的民众力量的支持，美国公共图书馆的发展才不会停滞不前。也正是由于在美国，而不是在别的国家，具有公共图书馆发展所需要的条件，使得社区图书馆如春天的野草一般在美国民众支持的旷野上蓬勃发展起来。另一方面，一个社会能够促使其图书馆成长的前提，就是图书馆也必须开拓更广泛的功能，具有多种发展潜力并与当时其他社会教育力量一起形成合力，才能为美国社会贡献较大的精神财富[1]。正是这种及时适应社会需求变化的价值观念决定了美国公共图书馆的特殊社会地位和可持续向前发展的趋势。

十八九世纪，美国城镇与乡村基层图书馆是作为早期继续教育的中心，通俗来说就是一个"阅读与普惠识字的中心"，那时候很多人需要通过阅读书籍的方式，来提升自己的素质，得到更多的文化熏陶和提升。随着美国公共图书馆的发展，公共图书馆除了"教育功能"之外，也开始注重公

---

[1] Ernestine Rose. *The public library in American life* [M]. Columbia University Press，1954：41.

共图书馆"文化功能""休闲娱乐"等功能的发展。美国早期的普遍理念中把"教育功能"定义为"通过学习或指导形成的心态或性格或者修养";把文化功能定义为"智力和审美训练后收获的启迪和高雅的品位";把"娱乐休闲"功能定义为"辛劳后力量和精神得到心旷神怡的享受"。另外,对于文化功能而言,公共图书馆也有进一步解释:文化可能是"文明的某种特定形式或阶段",对于公共图书馆而言,图书馆能够在多元文明社会当中扮演着帮助理解丰富多彩文化的重要角色。图书馆能够帮助人们"拓宽心灵的视野,加快了解外部的世界"[1]。早期公共图书馆的这几个基本功能,基本满足了用户最大的需求,公共图书馆发展早期就基本具有了现代公共图书馆的基本功能。除此之外,在为用户服务的细节方面,美国公共图书馆也注意到了自己硬件的建设,包括图书馆建筑、图书馆室内的灯光、自然环境、图书馆家具等,这些都是影响图书馆是否受欢迎的因素。因此,单从外部来说,在美国的城镇中,美国公共图书馆建筑是比较醒目的,它们是当地文化的象征,更是人们心灵的归宿。

20世纪三四十年代随着公共图书馆的发展,图书馆馆藏资源的类型和品种不断扩大,极力满足着人们的需求。在外部公共图书馆服务体系普遍发展起来之后,公共图书馆内部逐步完善、开拓了图书馆服务项目。除了最基本的借书阅览服务,美国社区图书馆逐渐发展起多样的免费服务项目。因为并不是所有读者到图书馆都是看书的,也有些人只是倾听者和游览者或是求助者。美国图书馆员着力帮助社区居民规划他们的学习计划,帮助图书馆用户选择社区内相关职业培训的课程,为其提供就业信息指导工作等,并通过进行图书馆讲座或开展其他图书馆项目吸引潜在用户。如今,能够开展多种项目服务已经成为每个美国社区图书馆必备的常规工作。基

---

[1] Library Advisory Council (England) and Library Advisory Council (Wales) .Public Libraries and Cultural Activities. Department of Education and Science, Library Information Series, no.4.London: HMSO, 1975: 12.

第 7 章　美国城镇与乡村基层图书馆发展经验与启示

于每个人都有学习和求知的欲望，图书馆应该在这方面做好规划引导工作。社区图书馆专门设计、开展了项目计划，成功的案例数不胜数。通过开展图书馆项目活动，以突出社区图书馆作为社区学习中心的作用，也体现了公共图书馆成为一个更为强大的非传统的教育工具[1]。在公共图书馆体现教育功能方面，最典型的就是 19 世纪末 20 世纪一二十年代以来，美国公共图书馆广泛为少年儿童提供各种服务项目，不分年龄种族等限制，为所有用户服务，打破了公共图书馆只为成年人服务的限制。今天，几乎在任何一家美国的小型社区公共图书馆，都可以看到为儿童开展的各种活动项目（最常见的是儿童讲故事活动）。许多社区图书馆为儿童服务的普遍性开展，还在于本着为儿童提供最佳服务的原则，与附近学校等机构开展合作，并努力做好协调工作，朝着同一个目标开展工作。同时，社区图书馆也开始了其他延伸服务项目，比如向更边远的农村地区等提供流动服务车，向医院里的病人、老年人、残疾人等特殊人群提供送书上门服务等。

20 世纪 70 年代以来，信息参考咨询服务在公共图书馆广泛开展起来，突破了以往只注重借阅的服务形式，彰显了公共图书馆随着时代的发展在社会中的地位和作用。Thmas Childers 通过对公共图书馆深入的调研，发展了信息参考咨询服务的定义。[2] 公共图书馆应该积极地为所有人提供全方位的信息服务，不仅仅为人们提供书籍，更应该为人们提供数据、事实、思想观点。在美国社区图书馆的服务定位中，强调公共图书馆信息服务潜在重要性，是因为公共图书馆在当地就是一个地方社区的信息机构，其主要目的是提供信息给所有的人。当用户有信息需求的时候，公共图书馆应

---

[1] The Public library：circumstances and prospects：proceedings of the thirty-ninth conference of the Graduate Library School, April 10-11, 1978 / edited by W. Boyd Rayward.University of Chicago studies in library science. Chicago：University of Chicago Press, 1978.

[2] Patrick William. *The American public library and the problem of purpose*[M]. New York, Greenwood Press：105.

该是人民解决问题的第一手段或者首要选择。[1]

21世纪以来,公共图书馆互联网服务为新世纪图书馆服务注入新的活力。随着图书馆职业环境的变化,图书馆职业角色也受到挑战,尤其是诸如信息与通信技术等现代科技的引入成为图书馆开展服务的一种有效工具。社区图书馆如何能够打破数字鸿沟,扩大使用信息与通信技术来应对和包容对社会排斥的群体和个人,以及如何能支持服务,提供电子政府信息等,如何在突发公共卫生事件中下持续为公众提供良好的服务,这都是未来城镇和乡村公共图书馆发展面临的挑战。

7.2 美国城镇与乡村基层图书馆发展中出现的问题

虽然美国城镇与乡村基层图书馆的发展是很成功的,但发展当中也面临着很多问题。近两百年来,美国公共图书馆发展当中也经历着很多斗争,一直在不断变化和调整公共图书馆发展的正确方向与定位。从19世纪中期靠税收支持的波士顿公共图书馆正式成立发展到现在公共图书馆发展稳定的阶段,美国的公共图书馆也存在着很多问题。笔者在此提出关于美国公共图书馆尤其是城镇与乡村基层图书馆发展当中几个普遍性的问题。

7.2.1 图书馆如何适应社会环境发展与社会变革问题

面临百年未有之大变局,美国的社会矛盾也不断激化,公共图书馆所赖以生存的社会环境也在发生着变化。公共图书馆的发展应该与社会变革、社会运动紧密相连。美国公共图书馆在发展当中与其社会背景是紧密相连的,尤其是社区图书馆作为一个为所有人提供服务的公共机构,必须明确

---

[1] Patrick William. *The American public library and the problem of purpose*[M]. New York, Greenwood Press : 113.

第7章 美国城镇与乡村基层图书馆发展经验与启示

自己定位和发展目的。在美国这样一个格外注重人民至上理念的社会，如果社区图书馆不能成为一个真正为社区居民提供普遍服务的机构，其政治和财政支持将在新的民粹主义（也称为平民主义）中蒸发[1]。在每个历史阶段，图书馆与社会背景的关联和关系很重要，我们必须把图书馆放置在一个较大的社会历史背景下来研究和探索。

再回到最初的话题，从公共图书馆的历史发展进程来看，美国早期社会图书馆是为中产阶级或者社会精英提供服务的机构，如此狭小的服务范围和用户群体对它的存在和持续发展是个威胁。由于民众文化力量的高呼，在漫长的图书馆演进过程中，社会图书馆逐渐敞开大门为所有人提供服务，变为一个公共文化服务机构，免费图书馆即"公共图书馆"由此诞生。20世纪70年代以后，公共图书馆又经历着另外一种危机，主要是来自社会新技术发展产生的新事物，由此对公共图书馆产生了威胁，电视机、计算机技术等新的信息或来源渠道对于公共图书馆发展带来了一定的冲击力。这导致当时的公共图书馆面临一种普遍的困境，它的文化、娱乐功能在逐渐削弱。而进入21世纪以来，随着网络等各种新媒体交流方式的出现，更是丰富了人们的娱乐生活，也对社区图书馆的生存提出了考验。公共图书馆在社会变革中生存，新技术的出现也使得图书馆管理系统发生着变化，而且也要求图书馆的服务多样化，以适应信息技术时代人们的需求[2]。美国公共图书馆员一致认为：如果图书馆不进行变革，那么就会失去用户群，从而失去财政和政治的支持。公共图书馆需要变革，开拓新的服务领域以尽量满足所有人的需求。[3]

---

[1] Patrick William. *The American public library and the problem of purpose*[M]. New York，Greenwood Press：99.

[2] Patrick William.*The American public library and the problem of purpose*[M]. New York，Greenwood Press：149.

[3] Patrick William. *The American public library and the problem of purpose*[M]. New York，Greenwood Press：107-108.

总之，美国公共图书馆的发展受外界环境影响很大。除了上述影响因素，还有联邦和各州的政策发展、政治利益和各种凸显公共图书馆的性质和宗旨的问题都在影响着美国公共图书馆的发展。总之，随着社会环境的变化，信息与通信技术发展，各种新形式的娱乐活动的存在，促使图书馆更加努力变革自己，为用户提供更好的服务。在当今及未来非常复杂的社会变革发展时期，图书馆人需要不断反思和探索公共图书馆的服务，在这个变换环境中找寻到自己的定位[1]。

7.2.2 图书馆如何解决资金不足及补充资金来源问题

虽然说美国公共图书馆是靠法律规定的税收形式支持发展起来的，但是税收只占公共图书馆资金的一小部分，对于很大一部分公共图书馆（尤其是城镇与乡村基层图书馆）来说，如果单靠政府财政税收还不能完全支持图书馆各项经费开支。在美国20世纪70年代后半期和80年代早期，石油价格猛涨造成的经济危机时期，美国出现经济泡沫（虚拟经济），外界经济环境的变化，也时刻影响着美国公共图书馆的发展，对当时公共图书馆经费造成了一定限制作用。直接来说，如果经济不景气，就会导致居民收入减少，当地社区图书馆税收也会相应的减少，但图书馆服务项目却没有因此减少，因此势必会影响到图书馆的整体发展。尤其是21世纪初爆发的经济危机，美国公共图书馆的经费更加岌岌可危。2009年以来，受金融危机影响，美国的经济呈现萧条的状态。大量工人失业并爆发了华尔街运动——纽约、波士顿等地争取权利的这场运动仍然在持续和蔓延。纽约多个图书馆分馆的关闭，致使300多图书馆人失业。另外存在的问题还有，在纸质书价上涨、物价上涨的今天，图书馆员的收入却没有明显增加，这两者直接形成了很大的矛盾，一系列关系到图书馆的社会运动都在浮出水面。

---

[1] Anne Goulding.*Public libraries in the 21st century : defining services and debating the future*[M].Great Britain, Ashgate, 2006.

从根本上说，公共图书馆经费的多少与国家经济水平密切相关。从美国公共图书馆发展过程来看，公共图书馆的经费总体上是随着经济增长逐渐增多的。但是逐渐增多的经费在公共图书馆发展的每个阶段都是不充足的，甚至在20世纪50—70年代公共图书馆经费最为富足时，图书馆所获得的经费与其他公共服务机构相比，无论是在政府对公共服务机构支出经费所占比例，还是公共图书馆经费的增长速度，都处于弱势。近年来，公共图书馆经费不足的状况愈演愈烈，尽管公共图书馆经费数量逐年增加，但与通胀率相比，公共图书馆所获得经费的实际购买力降低，资金事实上是负增长[1]。

7.2.3 图书馆如何更深入开展为青少年服务问题

青少年服务作为公共图书馆一个专门概念出现在20世纪20年代，并作为早期介于成年人和儿童服务的一种特别服务而出现在公共图书馆的服务中。青少年服务出现的目的在于更加显著地区别于成年人阅览，更好地保护青少年的阅读需求。[2]青少年服务最初被认为是儿童服务的转型，因为社会上很多人会把青少年服务与儿童服务混淆对待。其实青少年与儿童在性格特征等方面既有相同的地方，但在某些方面又有不同于儿童的地方。青少年服务容易定义，但青少年本身性格等方面却不好定义。因为青少年处于心理和生理的成长期，导致他们多样的性格特点，这是一个复杂的群体。所以，公共图书馆馆员要善于抓住少年的特性，有的放矢、耐心地进行辅导帮助。美国青少年的特点是想要独立的个性，这会使他们处于危险的境地。美国青少年面临成年后的经济问题，加之因为社会的教育和职业要求，需要图书馆能给予青少年阅读的帮助，从而改变内心的活动，增加

---

[1] 刘璇. 有效借鉴美国公共图书馆的经费保障制度 [EB/J]. [2012-10-25].http：//www.npopss-cn.gov.cn/GB/219567/230175/17304567.html

[2] Fenwick, Sara, Innis. Library service to children and young people[J]. *Library Trends*, 1976, 25（1）：348.

其心理成熟度。早期的青少年图书馆服务，出现在纽约公共图书馆和克里夫兰公共图书馆，青少年读者都有专门的独立的阅览室。但是现在有些图书馆青少年服务部门和书架仍然是与成人书架放在一起的，青少年咨询馆员也同成人服务是一样的，不像儿童服务那样有专门的馆员来负责。

造成美国社区图书馆青少年服务发展的阻碍因素主要有：其一，没有足够的服务人员专门为青少年提供服务，在美国通常有专门为儿童提供服务的馆员但却没有专门为青少年提供服务的馆员。目前能够为他们提供服务的馆员一般都是兼职的馆员或其他职员——大多是儿童服务部门或者成人服务部门借调过来的人员。教育人员的不足，主要归结于图书馆学教育的课程上。美国图书情报学院关于青少年的相关课程只占一小部分，或者有一部分院校把青少年服务的课程与儿童服务的课程放在了一起，作为儿童教育课程的一部分。有些青少年课程是选修的，有的人没有选修这些课程。因此毕业后缺乏相关专业知识。图书情报学院的教育应重视这方面课程的开展和教育，并与学校媒体中心的儿童服务重点区分。其二，僵化的管理方式。儿童服务能在小型社区图书馆开展，而青少年服务却不能，问题的关键及症结在于管理者身上，他们认为青少年服务与儿童服务是一样的。所以，很多美国社区图书馆都把青少年服务归入儿童服务部门了。而现实问题也是，在当地社区图书馆一些青少年访问图书馆的人数有限，使管理者疏忽了对他们的注意。

7.2.4 公共图书馆如何进行服务范围全覆盖问题

目前美国公共图书馆包括城镇和乡村社区图书馆在内的各类公共社区图书馆已能向全美97%的公众提供普遍均等的图书馆服务，同时公共图书馆服务也取得了较好的服务效益。但同时，需要指出的是美国公共图书馆服务存在的问题：本地土著的印第安人的图书馆服务状况有所欠缺。在过去几年，美国已经大大扩展了图书馆向印第安人提供服务的工作。但未来仍然有更多的工作需要做，以向更多的土著美国人提供他们需要的信息。

第7章　美国城镇与乡村基层图书馆发展经验与启示

从美国目前的人口调查数据来看，结果表明印第安人仍落后于盎格鲁居民（英国移美居民）的公共图书馆使用率。调研数据还表明：社会经济和地理位置是导致美洲原住民家庭较低的图书馆使用率的因素。值得强调的是，对美国偏远地区人口使用图书馆的调查研究结果是有目的的工作，以期更好地改善美国本土居民的图书馆服务和信息服务。

美国的美洲土著人口的图书馆信息服务工作，已经是图书馆馆员和决策者在过去的几十年里一直关注的问题。从历史上看，土著美国人特别是那些生活在保留地区的人们，没有足够的访问图书馆和信息资源的条件。他们当中大约有三分之一到一半（大约200万）的人生活在比较封闭的保留地区。其中，只有一半的保留地区的人生活在美国西部地区，这些地区有一定的行政管辖区域提供图书馆服务。其余的大部分土著印第安人的生活区域不靠近任何部落或政府的管辖区。[1]

---

[1] Susan K. Burke. The use of public libraries by Native American[EB\J]. http：//www.jstor.org/discover/10.1086/520998?uid=3737800&uid=2&uid=4&sid=21101824040827. The Library Quarterly，2007，4：429-461.

第 8 章　中国城镇与乡村基层图书馆发展探索

8.1 中美两国城镇与农村基层图书馆发展路径比较

美国公共图书馆的发展是比较发达的。我们已经了解到这是由多方面原因综合作用的结果，美国联邦政府对基层图书馆宏观的法律支持和各项社会发展条件的支持措施，使得公共图书馆体系发展比较迅速和完善。

总体来看，美国公共图书馆发展路径是比较特殊的，由于有着深厚的民众支持的根基，所以对于社区图书馆的普及比较容易。而中国基层图书馆的发展则要遵从中国现实国情和社会治理模式，首先应由政府倡导发起，加之法律法规的逐步健全，并配合社会力量来发展中国的基层图书馆。中美两国由于社会治理模式、文化背景不同，在公共图书馆体系上也必然有着不同的发展路径。例如美国 20 世纪 50 年代公共图书馆服务体系广泛发展的时期，也即是县图书馆和农村图书馆的重要发展时期，有几个方面值得重点借鉴与参考。

其一，美国联邦政府适时相继出台了若干图书馆服务法案以支持小城镇和乡村图书馆的发展。如 1948 年《国家公共图书馆服务计划》旨在促进图书馆为乡村的居民提供服务；1956 年《图书馆服务法案》有力地促进了县、市（镇）图书馆的建设。

其二，美国公共图书馆体系的普遍发展有可供借鉴的典型的示范发展案例。如 20 世纪上半期加利福尼亚州县图书馆体系的成功运作，也为其他州的县图书馆和中小城镇图书馆的发展提供了很好的示范作用。因此，公共图书馆服务体系的广泛发展当中，提倡公共图书馆发展示范区的作用还是很有必要。

其三，美国公共图书馆体系的发展一直紧密结合了当时的社会环境，例如美国宽带网络计划等都对当时公共图书馆的发展有一定影响。考虑到当前中国基层社区图书馆的特殊时代背景，如文旅融合发展趋势、乡村振兴背景以及信息化浪潮等社会环境的变化，势必会对我国基层图书馆发展带来一定影响。

8.2 我国城镇与乡村基层图书馆发展存在的问题与未来发展展望

中国经济社会转型时期，也因此带动了文化事业的发展。截至 2021 年底，全国共有公共图书馆 3215 个，全国公共图书馆平均每万人拥有建筑面积 136 平方米、图书总藏量 12 亿册、实际持证读者超 1 亿、总流通人次 7.5 亿、书刊外借册次 5.9 亿、举办各类读者活动 20 万场、活动参与人次 1.2 亿，较 2012 年分别上涨 73%、60%、315%、72%、77%、147%、189%。截至 2022 年 6 月，全国已有超 92% 的县（市、区）建成图书馆总分馆制，分馆数量达 5.8 万余个。[1]

目前我国的基层文化事业也处于蒸蒸日上发展的时期，但同时我国基层图书馆发展当中也面临一些问题。对照美国公共图书馆的政策立法、公共图书馆示范区发展以及其他发展历程，我国基层图书馆建设取得了一些成就，但也面临着一些问题。

8.2.1 建立健全相关政策和法律的促进作用

过去的"十二五"和"十三五"期间，国家投入大量的人力、物力、财力等，支持图书馆等公益性机构的发展，尤其是制定详细的规划和纲要来促进基层图书馆的发展。在建设公共文化服务体系过程中，基层图书馆这一方式是贴近民众的图书馆。《国民经济和社会发展第十一个五年规划纲要》在我国历史上的政府文件中第一次阐释了公共文化服务理念和目标——保障公民的基本文化权益，满足了广大人民的基本文化需求，坚持公共服务普遍均等的原则。[2]2007 年 6 月，中共中央政治局召开会议，专门研究加强公共文化服务体系建设，明确提出了覆盖全社会的公共文化服务体系的基本框架，构建覆盖全社会的公共图书馆服务体系，尤其是加强建设市民身边的基层图书馆。近年以来，图书馆学界召开的全国乡镇/社区图书馆会议，以及"百县馆长论坛"等也在一定程度上促进基层社区图书馆的发展。而我国北京、上海、深圳、杭州等经济发达地区的"示范区"建设项目也在引领着基层图书馆普遍发展的潮流。2011 年，《国民经济和社会发展第十二个五年规划纲要》中关于公共图书馆文化体系的具体实施举措及相关方针政策，对基层图书馆发展起到了很大的促进作用。国家"十二五"规划纲要从建立健全基本公共服务体系和推动文化大发展大

---

[1] 苗美娟，陆晓曦，张皓珏. 中国特色公共图书馆事业十年回顾与展望 [J/OL]. 中国图书馆学报.https : //kns.cnki.net/kcms/detail//11.2746.G2.20230109.1438.002.html.

[2] 李晓新. 普遍均等：中国公共图书馆的百年追求 [M]. 天津：南开大学出版社，2007：177.

繁荣两个维度规划了公共文化建设。实施公共文化设施免费开放是推进基本公共服务均等化首先要突破的问题。公共图书馆在落实免费开放政策过程中，首先要完善和发展公共图书馆基本服务的内容、范围和项目；其次要探索建立真正落实公共图书馆经费分担机制的约束制度；再次还要健全和完善公共图书馆服务能力和服务水平的评价体系。公共图书馆要抓住创建公共文化服务体系示范区（项目）这一机遇，继续推进总分馆体系建设；全面提升服务质量和服务效益；积极探索资源的整合、集成、共享模式；普遍开展流动服务，促使服务体系进一步走向完善；加强队伍建设，提高从业人员的职业素养和专业化水平。公共图书馆还要抓住"十二五"时期国家实施公共数字文化三大工程的契机，实现数字资源建设和远程服务的新突破。[1]

从公共图书馆立法方面来讲，2016年全国人大常委会审议通过《中华人民共和国公共文化服务保障法》，成为我国文化领域第一部综合性、全局性、基础性立法，奠定了维护和保障人民文化权益的法律基石。[2]2016年原文化部等五部委发布《关于推进县级文化馆图书馆总分馆制建设的指导意见》，确立了以县域为基本单元的中国特色图书馆总分馆建设模式，总分馆制建设由"职业行为"上升为"政府行为"。[3]《公共图书馆法》自2018年1月1日生效以来，实施已有五年，其出台为我国公共图书馆地方立法工作提供了明确指引与新要求，标志着我国公共图书馆事业发展进入新时代。截至2022年4月，我国仅有18个省、自治区、直辖市等围绕"公共图书馆"制定了相关法律（不含港澳台）。这些图书馆法不仅有力地优化了公共图书馆的治理效能，还有效地提升了各个基层图书馆的服务效能。

---

[1] 李国新."十二五"时期公共图书馆事业的发展机遇[J].图书馆建设，2011（10）：2-6，11.

[2] 苗美娟，陆晓曦，张皓珏.中国特色公共图书馆事业十年回顾与展望[J/OL].中国图书馆学报.https：//kns.cnki.net/kcms/detail//11.2746.G2.20230109.1438.002.html.

[3] 李国新，张勇.推动公共图书馆事业"中部崛起"[J].中国图书馆学报，2016（6）：4-12.

然而，自2018年《公共图书馆法》实施以来，上述立法的省市自治区当中，只有重庆、深圳、广州与北京分别完成过一次修正，山东、内蒙古、深圳（第二次修订）与四川目前均处于修订过程中，其他15部地方立法自颁布以来均未进行任何修订。甚至目前仍有河北、宁夏与青海等13个地区未出台市级以上的公共图书馆相关法律法规。[1]

公共图书馆法律法规的缺位，是非常不利于我国当前公共图书馆服务体系的有效发展，希望"十四五"时期各个省市自治区能切实有效推进省市级公共图书馆法的立法进程。

8.2.2 发展部分地区公共图书馆体系的示范区作用

2011年初，文化部和财政部启动了创建国家公共文化服务体系示范区（项目）工作。党的十八大和《国家"十二五"时期文化改革发展规划纲要》要求"推进国家公共文化服务体系示范区创建"，标志着示范区（项目）创建成为我国公共文化服务体系建设的重要任务。创建示范项目中的"公共图书馆项目"主要在于促进总分馆体制的探索与实践，以及促进基层公共图书馆的基础建设，从而实现全民阅读的目的。截止到2020年，我国共建成120个国家级公共文化服务体系示范区和205个示范项目，覆盖全国三分之一的地市级城市。[2]

目前，我国的基层图书馆建设的示范区，因地制宜有多种模式，主要有：

第一种模式，总分馆模式。例如"嘉兴模式"、"苏州模式"、"禅城模式"、东莞集群图书馆模式、佛山联合图书馆模式、广州"中心馆—总分馆"模式等。其中杭州图书馆不仅拥有多个分馆，还建设了多个特色主题分馆

---

[1] 王协舟，李奕翡，张可. 我国公共图书馆地方立法：特征、问题及修法建议[J]. 图书馆，2022（11）：21-30.

[2] 苗美娟，陆晓曦，张皓珏. 中国特色公共图书馆事业十年回顾与展望[J/OL]. 中国图书馆学报.https：//kns.cnki.net/kcms/detail//11.2746.G2.20230109.1438.002.html.

因地制宜开展基层图书馆服务；而"嘉兴模式"以"政府主导、统筹规划、多级投入、集中管理、资源共享、服务创新"为主要特点，在我国图书馆界有广泛影响，被认为是代表了东部经济发达地区公共图书馆服务体系建设较为成功的探索，体现了公共图书馆总分馆建设的发展方向。

第二种模式，在公共文化服务体系建设背景下的基层公共图书馆基础建设。广东省佛山市、湖南省衡阳市和四川省攀枝花市的项目属于此类。所谓基础建设，从几个项目涉及的内容看，主要包括设施建设、资源建设和人才队伍建设。比较而言，经济发达地区更关注基础资源建设。如佛山市的"南海区县域公共文化服务体系建设工程"，公共图书馆建设的主要任务是实现和完成人均拥有公共图书馆藏书量和到馆率等指标，这些指标已经高于示范区创建的东部标准。中西部经济欠发达地区更关注设施和队伍建设。湖南省衡阳市的"公共文化服务进社区"项目，首先解决的是公共文化设施进社区，在全市多个街道建设若干文化站和社区文化活动中心。四川省攀枝花市的"大地书香新农村家园工程"，主要任务是在农村和社区普及图书馆设施和管理人员。工程的目标是在全市乡镇—行政村—社区建设"五统一"（统一设计、统一标准、统一建设、统一投入、统一验收）的图书馆（室）。

第三种模式，是以当前智慧图书馆技术为引领，开展的若干24小时"城市书房"模式。例如深圳市南山书房，是南山区重点打造的惠民工程之一，南山书房旨在打通公共阅读服务的"最后一公里"，让读者在家门口就能享受到智慧图书网络的便利。又如温州的"城市书房"，以24小时自助实体图书馆为基础创建的城市阅读服务体系。温州城市书房作为一种新型的图书馆服务模式，通过统一标准，规范管理，促进"15分钟文化圈"建设，为广大市民提供了崭新的知识共享、信息交流、互动阅读的人文空间。

不同地区公共图书馆基础建设的重点不同，但总的来看，实施创建示范项目都明显促进了地方政府对公共图书馆事业基础建设的投入，较好地促进了当地公共文化事业的发展。

关于开展示范区项目的思考：与发达国家相比，长期以来，我国图书馆事业发展一直处于弱势地位，尤其是缺乏有效而持续的管理机制与资金支持。20世纪90年代当我国的经济体制开始转变，市场经济占据经济生活的主导地位时，在社会生活中，当我们遵循了"效益优先"的原则时，我国进行了若干经济发展示范区的项目；如今沿海经济发达地区很富裕，而中西部的内陆地区却依然很落后。对于公共图书馆示范区项目来说，会不会重蹈经济发展示范区的覆辙，即经济发达的地区愈加重视文化事业发展——图书馆事业依然很发达，而经济落后的地区图书馆事业至今很落后的马太效应局面。而事实上从全国来看，近年以来基层图书馆事业比较发达的地区还是有限的几个经济富裕的地区，这些地区的公共图书馆服务项目开展得比较成功。但是对于广大的中西部地区来说，由于经费的短缺和制度的不完善，图书馆难以维持生存和发展的例子比比皆是，这是一个不争的事实。

随着我国经济和政治的发展，尤其是近年来，政府比较重视文化事业和重视人权的发展，公共图书馆在一定程度上必须满足人们信息需求，保障人民获取信息的权利，促进人们信息素质的提高。而公共图书馆也在实现着自身的价值，通过面向所有人平等、开放的服务，践行图书馆使命，满足公众对于公共图书馆的渴望和期待，公共图书馆进而也能获得可持续发展的动力。在历史和世界的坐标上，公共图书馆不仅是公民看书读报的地方，它的沿革诉说了一种制度和机制，即在现有现代化社会体系下，把民众阅读平等和获取信息平等的权利要求制度化。随着我国社会的发展和经济水平的整体提高，相信落后地区不论是在经济方面还是在文化事业发展方面都会逐步跟进。美国的公共图书馆普及尚需一个世纪，对于我国的基层图书馆普及来说只是一个时间早晚的问题，这个发展过程也许是无比艰辛的，一方面我国公众的民众支持意识尚未完全调动起来，对公共图书馆的参与与建立缺乏底层的推动之力。

8.2.3 多方面考量新时期基层图书馆的发展问题

基层社区图书馆建设除了宏观上坚持国家方针政策的引导，还应充分利用社会大环境的有利条件，这将会对我国整体图书馆事业发展起到很大的促进作用。在此过程中可以辅以一定的社会力量协助办馆，促进社区文化事业发展。在图书馆自身建设过程中，还要注意公共图书馆发展的历史背景：与美国早期基层图书馆发展不同的是，当今中国基层图书馆面临着更加艰巨繁琐的问题，即全球信息化的浪潮中，在当今乡村振兴背景、文旅融合发展的大背景下，除了实体图书馆网络体系的建立，还要利用先进技术建设一个高效便捷的智慧图书馆基层服务设施，满足城乡社区居民多元化、多样化的信息需求。近年以来，随着智能社会的到来，信息技术的发展，公共图书馆应该建立一个智慧化的网络体系，为社区图书馆发展提供一定助推力。

从我国基层图书馆长期发展战略考虑，有很多因素制约和影响着社区图书馆的发展。

（1）当前国家文化政策的发布实施对全面推进公共文化服务体系有着重要影响。2018年推出的《乡村振兴战略规划（2018—2022）》中明确提出，要"推动城乡公共文化服务体系融合发展"。[1]公共图书馆作为文化服务体系建设的主力军，在其自身发展中，应特别注意开展和推进基层图书馆与当地文化旅游的融合。当前文旅融合发展背景下，很多公共图书馆开启了文旅融合发展模式，公共图书馆参与文旅融合具有重要的现实意义，有助于公共图书馆在新时代环境下实现其社会文化教育的功能，能够有效拉动、繁荣地方旅游经济发展，同时也能进一步提升公共图书馆自身的社

---

[1] 向宏华. 乡村振兴背景下公共图书馆与农家书屋融合发展研究 [J]. 图书馆工作与研究，2022（9）：97-103.

会影响力。[1] 目前，公共图书馆参与文旅融合的实践模式主要有研学旅游、文化景观+旅游景点、民宿+图书馆等，这些有益的尝试有力推动了公共图书馆的文旅融合发展。例如天津市滨海新区图书馆文旅融合阅读推广活动，很快使得该图书馆成为"网红"景点，该图书馆积极提供文旅信息资源、图书馆"研学游"等，并探讨了组织开展文旅融合阅读推广服务的有效措施，保障文旅融合阅读推广工作可持续发展，彰显了新时期公共图书馆与时俱进的新功能。[2] 乡村振兴背景下，农村居民对于图书馆的现实需求等，也需要细致了解和分析。比如城市化的发展中的"新市民"对于图书馆信息知识的渴求以及与之相关的不同居民自身情况（包括自身文化水平、文明程度和人们多元化、个性化的生活需求）都需要在推进公共图书馆服务体系中认真调研和探究。

另外，将公共图书馆的服务延伸至社会各个阶层和角落一直是我国公共图书馆服务的主流。在这个过程中，推动我国公共图书馆服务演变和发展的力量主要来自两个方面：其一，政府上层的指导作用；其二，基层民众的需求意识。从一定程度来说，现代化社会与公共文化服务体系的构建、民众意识发展是和社会经济转型同步展开的，公共服务是民众意识发达的一个标志。目前，中国的社会转型首先在沿海地区、省会城市和大中城市快速推进，因而这些范围的公共服务事业相应发展较好。在此基础上，发达地区的社区图书馆和乡镇图书馆作为最基层、为群众服务最直接的公共图书馆达到了普遍服务的态势，社区图书馆已然走到了居民的身旁。随着我国经济的发展，现代化程度的提高，政府的职能从以"管理型"为主转向"公共服务型"已经成为必然。传统中国社会是分散的小农经济和集中的中央权力为一体的社会，十分缺乏"公共服务"生长的土壤。与"公共

---

[1] 李玉兰. 公共图书馆文旅融合服务创新路径选择研究 [J]. 新世纪图书馆，2022（5）：32-36.
[2] 张秀敏. 区级公共图书馆文旅融合阅读推广研究——以天津市滨海新区图书馆为例 [J]. 图书馆工作与研究，2021（S1）．

服务"相对应的是中国根深蒂固的"官本位"的理念。持续的改革开放和深入的社会变革,"新城镇建设"和"新农村建设"要求倡导"公共服务",换言之,实现社会转型,倡导现代化,推广普及"公共服务"的社区图书馆服务势在必行。

(2)智慧化图书馆建设及实践对城乡社区及社区图书馆的发展也有很大的影响。面对智慧化发展的新需求,2020年国家图书馆提出建设"全国智慧图书馆体系"的构想。随后,智慧图书馆相继被纳入国家和地方图书馆"十四五"战略规划,逐渐从各馆零星探索迈入全国实质性推进阶段,成为继三大数字惠民工程之后新一轮全国规模的图书馆数字化建设项目。同时期中共中央办公厅、国务院办公厅印发的《关于推进实施国家文化数字化战略的意见》从国家战略高度对文化数字化建设进行了总体部署,为新时期公共图书馆的数字化、智慧化转型提供了重要指引。另外,公共图书馆的社区服务已成为当前城乡居民日常生活的重要组成部分,同时,与社区相关的"社区信息学"研究也一直伴随着社区信息服务的理论和实践发展,成为学者和相关决策者关心的重要议题。而作为社区信息中心的图书馆在社区信息服务的发展过程中则扮演了极其重要的角色。社区信息学与图书馆服务的紧密联系,各类型图书馆所开展的社区信息服务以及当今网络世界的出现,使得地域在社区概念中的地位变得不那么重要。有学者将社区按照其形成的空间范围划分为"实体社区"和"虚拟社区"两大类型。智慧图书馆及其技术在推动"虚拟社区"建设中将发挥重要的作用。

(3)除了国家政治环境、方针政策的引导以及国家财政的大力支持,基层图书馆在发展的时候,也应该注意多吸收社会力量的支持。在美国公共图书馆的发展历史中,可以发现其从萌芽时期就与社会机构捐赠、个人资助等社会力量的支持紧密联系在一起,而且近代以来美国图书馆事业的发展在很大程度上也得到了私人力量的大力支持(例如卡内基图书馆基金会、盖茨基金会图书馆项目等),以及普通社区内为图书馆提供的社会义工等人力资源的支持。

总之，目前中国正在经历从农业社会向工业社会和后工业社会过渡，城镇化速度在加速，且信息技术在推动社会发展中起着不可估量的作用，因而城镇和乡村社区发展面临一系列更为复杂的问题。基层城镇和乡村社区图书馆在其中应该发挥重要的作用，突出其应有的传播知识、共享信息技术、开展信息服务等功能，助力我国经济和社会的不断前行。

参考文献

英文参考文献：

[1]American Library Association. *Minimums Standards for Public Library Systems*[M].Chicago, American Library Association,1967:16.

[2]Definitions of Public Libraries in the United States Survey [EB/OL]. [2023-01-07].http://www.imls.gov/research/public_libraries_in_the_united_states_survey.aspx.

[3]Number of Libraries in the United States [EB/OL]. [2022-9-16].https://libguides.ala.org/c.php?g=751692&p=9132142.

[4]Tamara Sheppard.Putting the public in the public domain：The public library's role in the re-conceptualization of the public domain[J]. *New Library World*，2009（6）：207-218.

[5]William F. Birdsall. Community, individualism, and the American public Library[J]. *Library Journal*，1985（12）：21-24.

[6] Henry A. Sharp, with an introduction by Joseph L. Wheeler. *Libraries and librarianship in America; a British commentary and comparison*[M]. London, Grafton & Co., 1936.

[7]Aab S , Audunson R . Use of library space and the library as place[J]. *Library & Information Science Research*, 2012, 34(2):138-149.

[8]Nelson Associates, inc.*Public library systems in the united states——A survey of multijurisdictional systems*[M].Chicago, American Library Association, 1969.

[9]Harris M H , Davis D G . *American library history : a bibliography*[M]. University of Texas Press, 1978.

[10]Sidney Herbert Ditzion.*Arsenals of a Democratic Culture: A Social History of the American Public Library Movement in New England and the Middle States from 1850-1900*[M].Chicago, 1947: American Library Association.

[11]Redmond Kathleen Molz and Phyllis Dain.*Civic space/cyberspace:The American public library in the information age* [M].The MIT Press,Cambridge:Massacuusetts,1999:25.

[12]Patrick William. *The American public library and the problem of purpose*[M].New York, Greenwood Press, 1988.

[13]Susan E.Randolph. The promise of the Great American Wealth Transfer for Public Libraries[J]. *Public Libraries*, 2005.

[14]Antonino D Ambrosio. Overdue Notice: Defend Our Libraries[J]. *The progressive*,2011(11).

[15]Molz, Redmond Kathleen; Molz, Redman Kathleen; Dain, Phyllis.*Civic Space/Cyberspace:The American Public Library in the Information Age*[M]. Cambridges:The MIT press,1999.

[16]Lieber, Claudine.Be a Guest: A French Look on American Libraries[J]. *Library Administration & Management*, 2007,21(4):178-180.

[17]ALA releases 2020 State of America's Libraries report[EB/OL].[2022-12-20].http://www.ala.org/news/state-americas-libraries-report-2020.

[18]Libraries statistics[EB/OL].[2022-09-18]https://libguides.ala.org/

librarystatistics/numberoflibrariesovertime.

[19]Deanne W. Swan, Kim A. Miller, Terri Craig, Suzanne Dorinski, Michael Freeman, Natasha Isaac, Patricia O'Shea, Peter Schilling, Jennifer Scotto. Public Libraries in the United States: Fiscal Year 2009[EB/OL]. [2012-5-20].https://harvester.census.gov/imls/pubs/Publications/pls2009.pdf October 2011.

[20]Institute of Museum and Library Services.*Characteristics of Public Libraries in the United States:Results from the FY 2019 Public Libraries Survey*[R].2021:1.

[21]Donald J. Sager .*Research report on the American public library*[R]. OCLC Office of Research. June 1982.

[22]Public Library Service:A guide to Evaluation, with Minimum Standards,Chicago: ALA,1956：7.

[23]*Public library systems in the United States*[M].American Library Association, Chicago,1969.

[24]Terry.D. Webb. *Public library organization and structure*[M]. Jefferson, N.C.: McFarland, 1989.

[25]State Library Administrative Agency Survey[EB/OL].[2022-12-20]. https://www.imls.gov/sites/default/files/2021-10/slaadatadoc2020.pdf.

[26]Wayne A. Wiegand,United States. In R. Wedgeworth（ed.）.*World Encyclopedia of Library and Information Services（3rd ed.）*[M]. Chicago: American Library Association,1993: 840-844.

[27]Harriet Catherine Long. *County library service*[M]. Chicago American Library Association,1925:31-33.

[28]American Library Association. *Committee on Post-War Planning, Standards for Public Libraries*[M]. Chicago: American Library Association,1943.

[29]American Library Association.*A National Plan for Public Library*

Service[M]. Chicago: American Library Association,1948.

[30]Robert D. Leigh. *The Public Library in the United States*[M].New York: Columbia University Press,1950.

[31]Gu Ben. A brief instruction to Library Service in U.S.A [J].*Journal of National Library of China*.Vol. 8,No. 3,Sep.1999. http://www.bengu.cn/homepage/paper/paper70.html.

[32]How to start a public library. DR. G. E. WIRE.*Worcester County Law Library*[M]. American Library Association Publishing Board 2'8 East Washington Street, Chicago.1913.

[33]Dwight F. Burlingame. Public library and fundraising: not so-strange bedfellows[J].*Library Journal*,1990.

[34]Penny Amberg. Where angels fear to tread: A nonlibrarian's view of the sustainability of rural libraries. Apils 23(1) March 2010:28-32.

[35] Kathy Bowrey. Book review:Internet Politics: States, Citizens, and New Communication Technologies by Andrew Chadwick[J]. *The International History Review*, 2007,29（4）:935-937.

[36]Julio Angel Ortiz.Re-Gaming the Digital Divide: Broadband, MMOGs and U.S. Latinos[EB/J]. Rutgers, the State University of New Jersey. New Brunswick, NJ.

[37]Dean K. Jue, Christie M. Koontz, J. Andrew Magpantay, Using Public Libraries to Provide Technology Access for Individuals in Poverty: A Nationwide Analysis of Library Market Areas Using a Geographic Information System[J]. *Library & Information Science Research*, 1999,21（3）:299-325.

[38]Office for Information Technology Policy,ALA.The 1997 national survey of U.S. public libraries and the internet: Final Report [EB/OL]. http://www.ii.fsu.edu/~jbertot/ala97.html.2009-7-13/2012-05-12.

[39]Anuj C.Desai. Filters and federalism: Public library internet access, local control, and the federal spending power.Journal of Constitutional Law. 10/12/2004:11–18.

[40]Paul T. Jaeger and Kenneth R. Fleischmann. Public Libraries[J]. *Values, Trust, and E-Government. Intimation Technology and libraries*, 2007 : 34–43.

[41]Paul T. Jaeger and ohn Carlo Bertot.Responsibility Rolls Down: Public Libraries and the Social and Policy Obligations of Ensuring Access to E-government and Government Information[J]. *Public Library Quarterly*, 2012 : 91–116.

[42]ALA. A statement to the U.S.Senate Committeeon Homeland Security and Governmental Affairshearing"E-Government2.0:Improving Innovation Collaboration and Access"[EB/OL].[2012–05–08]. http://www.ala.org/ala/washoff/woissues/governmentinfo/egovernment/ALAE-GovernmentStatem.pdf.

[43]Nancy Fredericks. E-Government and Employment Support Services[J]. *Library Technology Reports*, 2011, 47(6):33–37.

[44]ARRA.[2011–9–21].http://frwebgate.access.gpo.gov/cgi-bin/getdoc.cgi?dbname=111_cong_bills&docid=f:1.

[45]Nation Broadband Introduction[EB/OL].[2011–9–21].http://www.broadband.gov/plan/1-introduction/.

[46]Broadband Technology Opportunities Program (BTOP) [EB/OL] .[2011–9–21].http://www2.ntia.doc.gov/about.

[47]Broadband US[EB/OL].[2011–9–21]. http://www.broadbandusa.gov/BIPportal/index.htm.

[48]Broadband Introduction [EB/OL]. [2011–10–5].http://www2.illinois.gov/broadband/Pages/intro.aspx.

[49]Grants awarded map[EB/OL].[2011–9–21].http://www2.ntia.doc.gov/Illinois.

[50]What is UC2B? [EB/OL].[2011-9-21].http://uc2b.net/.

[51] Judy Hoffman. The Transforming Public Library Technology Infrastructure ALA Office for Research and Statistics Introduction. Library Technology Report. August/September 2011:5-6.

[52]Gibson A N, Chancellor R L, Cooke N A, et al. Struggling to breathe: COVID-19, protest and the LIS response[J]. *Equality, Diversity and Inclusion: An International Journal*, 2020, ahead-of-print.

[53]Hunter L, Buchanan S A. Responsive stewardship and library advocacy in dystopian times: using information from the Civil Rights Movement and 1984 to strengthen libraries[J]. *Online Information Review*, 2021, 45(4):853-860.

[54]Library Advisory Council (England)and Library Advisory Council(Wales). Public Libraries and Cultural Activities. Department of Education and Science, Library Information Series,no.4.London:HMSO,1975：12.

[55]The Public library : circumstances and prospects : proceedings of the thirty-ninth conference of the Graduate Library School, April 10-11, 1978 / edited by W. Boyd Rayward.University of Chicago studies in library science. Chicago : University of Chicago Press, 1978.

[56]Fenwick, Sara ,innis. Library service to children and young people[J]. *Library Trends*, 1976, 25(1)：348.

[57]Boopsie for Libraries [EB/OL].[2012-07-23].http://www.boopsie2.com/libraries.html.

[58]United for Libraries Resources for Library Foundations [EB/OL].[2013-2-23].http://www.ala.org/united/foundations.

[59]Hamilton, William James. *Summary of Existing County Library Laws* [M]. New York, 1920.

[60]Zana K.Miller. *County Library Records* [M]. Chicago, 1922.

[61]Winifred F. Ticer. *County Library Guide* [M]. Madison, Wis.: Democrat Print. Co., 1923.

[62]Committee on Library Extension. *How to organize a County Library Campaign* [M]. Chicago : Committee on Library Extension, American Library Association, 1927.

[63]Sara Metella Williams. *County library service in the South : a study of a study of the Rosenwald county library demonstration*[M]. Chicago, Ill. : The University of Chicago Press, 1935.

[64]Frank L. Tolman. *Digest of County Library Laws of the United States* [M]. Chicago : American library association, 1937.

[65]Gretchen Knief Schenk.*County and Regional Library Development* [M]. Chicago : American Library Association, 1954.

[66]ALA. County. *Regional and District Library Laws* [M]. Chicago : American Library Association, 1957.

[67]Kentucky Department of Libraries. *Handbook of Suggested Library Procedure for County Libraries* [M]. Frankfort, Kentucky : Dept. of Libraries, 1967.

[68]May Dexter Henshall. *County Library Organization* [M]. Sacramento, Calif. : California State Library Foundation, 1985.

[69]Antrim. Saida. *The county library: the pioneer county library (the Brumback library of Van Wert County, Ohio) and the county library movement in the United States* [M]. Van Wert, Ohio : Pioneer Press, 1914.

[70]Gertrude Buckhous. *The county library* [M]. Missoula, Mont.[The University], 1918.

[71]*Library service in the city and county of Santa Cruz* [M]. California. San Francisco, Library surveys – California – Santa Cruz. 1953.

[72]Richard. L. Simpson.*Cumberland County Library——Community Survey* [M]. Chapel Hill, Institute for Research in Social Science, University of North Carolina, 1960.

[73]Los Angeles County Engineer Architectural Division.*Public library planning data for Angeles County* [M]. Los Angeles : Los Angeles County Engineer, Architectural Division, 1961.

[74]William Spangle &Associates .*Library system plan, proposed for city and county libraries san Mateo County*[M]. California. Redwood City, Calif., 1964.

[75]*Hardy County Advisory Committee and West Virginia Library Commission* [M]. Survey for library development in Hardy County. Charleston, W. Va., 1963.

[76]Andrew M. Sherling.*Cumberland County——the Community and Its Libraries* [M]. Cumberland County Library System,1981.

[77]Roger H. Woelfel. *Diamond jubilee: Seventy-five years of Public service: The story of the Los Angeles County Public Library*[M]. Los Angeles,1987.

[78]Delaware County Library System .*Horizons: into the next decade——A five year plan for the Delaware county library system and district library center, 1990-1994*[M]. Delaware county,1990.

[79]John Fleischman. *Free and Public——one hundred and fifth years at the Public library of Cincinnati and Hamilton County,1853-2003*[M].Orange Frazer press,2003.

[80]*U. S. Department of Health Education and Welfare Office of Education Washington.* Statistics of County and Regional Library Systems Serving Populations of 50,000 or more: Fiscal year 1947-1959*[M]. Washington D.C

1960.

[81]ALA. Rural public library service[M].Chicago, IL.1945.

[82]Jane Barron. *Occasional Bibliography#3: rural library service* [M]. Clarion state College,Mar,1979.

[83]Thomas J. Hennen, Jr. *Library Services to Farmers* [M]. ALTA Publication No.3, 1981.

[84]*Public Library Association:Small Medium-sized Libraries Section Research and Reality: Library service to rural populations* [M]. Philadelphia, 1982.

[85]Bernard Vavrek. *Reference service in rural public libraries*[M].Clarion, Pennsylvania ,Nov. 1982.

[86]Anne Gervasi, Betty Kay Seibt. *Handbook for small, rural and emerging public libraries*[M].New York, Oryx Press,1988.

[87]Charles R. McClure，Waldo C. Babcock. *The project gain report: connecting rural public libraries to the internet* [M]. Liverpool, NY, Feb., 1994.

[88]Judith J. *Senkevitch and Dietmar Wolfram. Rural libraries and internetworking*[M].Metuchen, N.J.1995.

[89]Frances Rogers. *The story of a small town library: the development of the Woodstock, New York, Library* [M]. Woodstock : Overlook Press, 1974.

[90]Beverly A. Rawles. *Human resource management in small libraries. Hamden*[M]. Conn. : Library Professional Publications, 1982.

[91]John Vincent.An introduction to community librarianship. AAL pointers; 3 [Sheffield] : Association of Assistant Librarians, 1986.

[92]Madeline J. Daubert .*Financial Management for small and medium-sized libraries* [M]. Chicago : American Library Association, 1993.

[93]Sally Gardner Reed. *Small libraries: A handbook for successful*

Management [M]. Jefferson, N.C. : McFarland & Co., 2002.

[94]Norman Howden. *Local area networking for the small library* [M]. New York : Neal-Schuman Publishers, 1997.

[95]Donald J. Sager. *Small libraries: Organization and operation [3rd ed]* [M]. Ft. Atkinson, Wis. : Highsmith Press, 2000.

[96]L. Marion Moshier, Helena S. *Lefevre. The small public library : Organization-Administration-Service* [M]. Chicago : American Library Association, 1942.

[97]Raymond Ranier. *Programming for Adults——A guide for small and medium-sized libraries* [M]. Lanham, Md. : Scarecrow Press, 2005.

[98]Herbert B. Landau. *The small public library survival guide: Thriving on Less* [M]. Chicago: American Library Association, 2008.

[99]ALA.*Traditional &Non-traditional delivery systems for remote areas* [M]. Los Angeles, 1983.

[100]Michael H. Harris; Donald G. Davis, Jr. American Library History——A Bibliography [M]. University of Texas, 1978.

[101]Louise Gilman Paichard. *A History of Chicago Library.A.B.University of Illinois* [M]. 1921 B.S. in lib. Sci,university of Illinois,1927.Urbana ,Illinois.

[102]Anne Goulding.*Public libraries in the 21st century: defining services and debating the future*[M].Great Britain, Ashgate,2006.

[103]*Tri-county regional planning commission.Survey of Public Libraries Summit County*[M].Akon,Ohio,Feb,1972.

[104]Sara Metella Williams. County library service by contract: A study of rural library extension as provided for in the contract provisions of county library laws of the United States [D]. n.p., 1931.

[105]Judy Hoffman. The Transforming Public Library Technology

Infrastructure ALA Office for Research and Statistics Introduction. Library Technology Report[R]. August/September 2011:5-6.

[106]Library Advisory Council (England) and Library Advisory Council (Wales).Public Libraries and Cultural Activities[S]. Department of Education and Science, Library Information Series,no.4.London:HMSO,1975.

[107]The Public library: circumstances and prospects: proceedings of the thirty-ninth conference of the Graduate Library School[S]. April 10-11, 1978/ edited by W. Boyd Rayward.University of Chicago studies in library science. Chicago : University of Chicago Press, 1978.

[108]Donald J. Sager .Research report on the American public library[R]. OCLC Office of Research. June 1982.

[109]Charles M.Baker. County library law of the United States. Senior seminar report [R]. New York state library school. New York, 1918.

[110]ALA.The PLA Report : Bookmobile Service Today[R]. Chicago, IL, 1958.

[111]John A. Moorman. Running a Small Library [S]. How-to-do-it manuals for libraries ; No. 147 .New York : Neal-Schuman Publishers, 2006.

[112]Mariannne K.Cassell, Grace W. Greene. Collection Development in the small library [S]. Small libraries publications; No. 17. Chicago : Library Administration and Management Association, American Library Association, 1991.

[113]James Swan. Fundraising for the small public library: a how-to-do-it manual for librarians [S]. How-to-do-it manuals for libraries ; No. 8 .New York : Neal-Schuman Publishers, 1990.

[114]Wagga Jim Edgar.Illinois state library task force on rural library service report[R]. Illinois,May,1989.

[115]Illinois state library rural library panel. Strengthening library services in

rural Illinois[R].Illinois, October 1992.

[116]Edith A. Lathrop.School and County Library Cooperation[C].Unite states Department of the interior office of education, Washington D.C June,1930.

[117]Hennepin County Library .Hennepin County Library Annual Report, 1994[R]. Hennepin County,1995.

[118]A survey of the public libraries in Delaware County, Pennsylvania[R]. Philadelphia : Drexel Institute, 1962.

[119]A survey of the public libraries in Montgomery County, Pennsylvania[R]. Drexel Institute of Technology Pennsylvania State Library Project,1963.

[120]A survey of the public libraries in Eric County, Pennsylvania [R], Drexel Institute of Technology Pennsylvania State Library Project,1965.

[121]Report upon a branch library system for Hamilton County, Ohio [R]. [Cincinnati] : The Commission, 1964.

[122]Cole, Elizabeth. A survey of public library service in Polk County [R]. [Tallahasee] Florida State Library, 1965.

[123]Dale W. Perkins. A Brief Survey of the Moscow Public Library and Latah County Free Library in Regard to Cooperative Planning[R]. Boise : Idaho State Library, 1966.

[124]Analysis of the library needs; report to the county Hennepin Minnesota[R]. Beverly Hills : SUA Incorporated, 1966.

[125]Economis growth institution.Broome County Library Consolidation-Report no.2[S].State university of New York,Binghamton,Nov, 1973.

[126]Mildred W. Sandoe, Walter T. Brahm. Monmouth County Library Survey, Freehold, New Jersey [R]. [Freehold, N.J.?], 1961.

中文参考文献：

[127] 霍国庆，金高尚. 论社区图书馆 [J]. 中国图书馆学报，1995(4):54-59.

[128] 刘兹恒，薛旻. 论社区图书馆的功能、模式及管理机制 [J]. 中国图书馆学报，2002(5):32-35.

[129] 刘茂生，孙革令. 中西基层图书馆建设比较 [J]. 中国图书馆学报，2020，46(249):42-44，51.

[130] 上海图书馆. 覆盖城乡的公共图书馆服务体系——上海市中心图书馆建设十周年 [M]. 上海：上海社会科学院出版社，2010，12.

[131]《社区图书馆服务规范》（中华人民共和国行业标准 WH/T 73-2016）.2023-01-07.https://www.mct.gov.cn/whzx/zxgz/wlbzhgz/202008/t20200812_874089.html.

[132] 周文博，于良芝.LIS 的社区实践及其理论遗产 [J]. 中国图书馆学报，2002(1):22-35.

[133] 石烈娟. 美国社区图书馆服务及其启示 [J]. 图书馆，2009(2):70-72.

[134] 中华人民共和国国民经济和社会发展第十四个五年规划和 2035 年远景目标纲要 [EB/OL].[2023-01-07].http://www.gov.cn/xinwen/2021-03/13/content_5592681.htm.

[135] 到 2015 年公共文化服务体系初步建立 [EB/OL].[2013-1-22].http://news.enorth.com.cn/system/2013/01/22/010551210.

[136] 无障碍、零门槛！文化和旅游部加快构建现代公共文化服务体系 [EB/OL]. [2022-9-12].https://m.gmw.cn/baijia/2021-08-27/35118922.html.

[137] 关于公民社会的理论思考 [EB/OL].[2022-9-16].http://wenku.baidu.com/view/c728f61cc5da50e2524d7f84.html.

[138] 赵梅. 美国公民社会的构建 [M]. 北京：中国社会科学出版社，2010: 序言.

[139] 公共空间.[2022-12-23].http://baike.baidu.com/view/3821706.htm.

[140] 徐昊，罗燕. 解读美国社区发展及规划演变 [J]. 城市规划学刊，2009(7):52-56.

[141] 社群主义 [EB/OL].[2022-11-20].http://baike.baidu.com/view/79619.htm.

[142] 俞可平. 社群主义 [M]. 北京：中国社会科学出版社，1998.

[143] 韩晓芳. 美国公共图书馆服务 [EB/OL] .[2022-06-07].http://www.docin.com/p-284367654.html.

[144] 公共图书馆制度 [EB/OL].[2012-01-13]. http://reoldhuai.bokee.com/4459736.html.

[145] 刘朱胜. 美国公共图书馆法研究 [J]. 图书馆，2012(3):1-7.

[146] 美国公共图书馆管理模式及启示 [EB/OL].[2022-12-20].http://club.topsage.com/thread-1617174-1-1.html.

[147] 赵伟娜. 美国"图书馆之友"的发展及其启示 [J]. 新世纪图书馆，2009(1):82-84.

[148] 美国图书馆之友相关介绍 [EB/OL].[2022-9-16].http://www.ala.org/united/.

[149] 刘璇. 美国公共图书馆经费保障制度研究 [J]. 中国图书馆学报，2012(11):47-57.

[150] 王世伟. 国际大都市图书馆指标体系研究 [M]. 上海：上海科学技术文献出版社，2009：1.

[151] 钟卫宏，曹海霞. 美国基层图书馆服务研究 [J]. 图书馆建设，2011(8):73.

[152] 束漫. 公共图书馆服务研究 [M]. 北京：国家图书馆出版社，2009：2.

[153] 张智江. 美"宽带计划"刺激经济　兼顾民生提升竞争力 [EB/OL].[2012-12-31].http://telecom.chinabyte.com/307/8711807.shtml.

[154] 曹凌. 美国公共图书馆在电子政务中的合作角色 [J]. 图书馆理论与实践，2010(8):79-83.

[155] 奥巴马经济复苏法正在改造美国 [EB/OL].[2011-10-5].http://www.sinovision.net/index.php?module=news&act=details&news_id=145288.

[156] 徐昊，罗燕. 解读美国社区发展及规划演变 [J]. 城市规划学刊，2009(7):52-56.

[157] 社会资本理论 [EB/OL]. [2012-11-17].http://baike.baidu.com/view/1510410.htm.

[158] 于良芝. 图书馆学教育呼唤战略思维 [J]. 图书与情报，2006(4):26-33.

[159] 冯佳. 美国州公共图书馆员职业认证制度比较研究 [J]. 中国图书馆学报，2012(3):28-37.

[160] 刘璇，有效借鉴美国公共图书馆的经费保障制度 [EB/J]. [2012-10-25].http://www.npopss-cn.gov.cn/GB/219567/230175/17304567.html

[161] 苗美娟，陆晓曦，张皓珏. 中国特色公共图书馆事业十年回顾与展望 [J/OL]. 中国图书馆学报.https://kns.cnki.net/kcms/detail//11.2746.G2.20230109.1438.002.html.

[162] 李晓新. 普遍均等：中国公共图书馆的百年追求 [M]. 天津：南开大学出版社，2007(12):177.

[163] 李国新，张勇. 推动公共图书馆事业"中部崛起"[J]. 中国图书馆学报，2016(6):4-12.

[164] 王协舟，李奕屝，张可. 我国公共图书馆地方立法：特征、问题及修法建议 [J]. 图书馆，2022（11）：21-30.

[165] 李国新."十二五"时期公共图书馆事业的发展机遇 [J]. 图书馆建设，2011(10):2-6，11.

[166] 向宏华. 乡村振兴背景下公共图书馆与农家书屋融合发展研究 [J]. 图书馆工作与研究，2022(9)：97-103.

[167] 李玉兰. 公共图书馆文旅融合服务创新路径选择研究 [J]. 新世纪

图书馆，2022（5）：32-36.

[168] 张秀敏. 区级公共图书馆文旅融合阅读推广研究——以天津市滨海新区图书馆为例 [J]. 图书馆工作与研究，2021（S1）.

附录

附录1 实地走访／考察美国公共图书馆一览表

序号	名　称	所在地	地　址
1	Urbana Free library	Urbana, IL	210 West Green Street, 61801
2	Champaign Public Library	Champaign, IL	200 West Green Street, 61802
3	Rantoul Public Library	Rantoul, IL	106 West Flessner Avenue, 61866
4	Mahomet Public Library	Mahomet, IL	512 East Main Street, 61853
5	Allerton Public Library	Monticello, IL	201 N. State Street, 61856
6	St. Joseph Township –Swearingen Memorial Library	Saint Joseph, IL	201 North Third Street, 61873
7	Carbondale Public Library	Carbondale, IL	405 West Main Street, 62901
8	Chicago Public Library	Chicago, IL	400 South State Street, 60605
9	CPL——Chinatown Branch	Chicago, IL	2353 S. Wentworth Avenue, 60616
10	CPL——Hall Branch	Chicago, IL	4801 S. Michigan Avenue, 60615
11	Los Angeles public library	Los Angeles, CA	630 W. 5th Street, 90071
12	Library of Congress	Washington, DC	101 Independence Ave, SE, 20540

附录 2　部分图书馆专家／馆长访谈一览表

序号	访谈专家姓名	职务	单位	联系方式	访谈内容
1	Lora Fegley	Director of Children's Services	Urbana Free Library	lfegley@tufl.info	见附录5
2	Holly Thompson	Library director	Rantoul Library	hollysarpl@gmail.com	见附录5
3	Lynn Schmit	Library director	Mahomet Library	lbschmit@mahometpubliclibrary.org	见附录5
4	Lisa Winters	Library director	Allerton Library	librarian@monticellolibrary.org	见附录5
5	Susan McKinney	Library director	St. Joseph Township Swearingen Memorial Library	stjosephtownshiplibrary@gmail.com	见附录5
6	Diana Brawley Sussman	Library director	Carbondale Public Library	cpllib@shawls.lib.il.us	问题咨询
7	Terry Weech	Associate Professor	University of Iillinois at Urbana and Champaign	weechuiuc@gmail.com	问题咨询
8	Kate William	Associate Professor	UIUC	katewill@illinois.edu	问题咨询
9	Alistair Black	Professor	UIUC	alblack@illinois.edu	问题咨询
10	Abdul Alkalimat	Professor	UIUC	mcworter@illinois.edu	问题咨询

附录3 美国图书馆调研和访谈许可证

University of Illinois at Urbana-Champaign
Office of the Vice Chancellor for Research

Certificate of Completion
Human Subjects Research Education Module

This is to certify that

cao haixia

Completed our Human Subjects Research Education Module on

18 October 2011

Sue Keehn
Director, IRB

Ref No: hca103

附录4 美国城镇与乡村基层图书馆访谈提纲

Public Library Interview List

1. Can you briefly tell me something about the local history, culture and population of the community your library serves?

2. Can you briefly tell me something about the library's history or background?

3. Can you share the total budget for the library and then number of staff employed by the library?

4. I see your library provide many kinds of service programs for the patrons, and do you think what kind of most successful program you have in your library now?

5. What is the Library's current collections (including books, DVDs, CDs and e-books) and circulation? Can you share me your annual report recent years?

6. What special library services for children does your library provide?(such as reading program\how to access internet and so on)

7. What do you consider to be the most important (or successful) cooperative program that your library participates in? (Illinois Heartland Library System?)

8. When did your library introduce the computers for the patrons internet use and how many computers does the library provide for public use. Does your library provide free Wifi in your library?

9. What challenges your library face now? What is the biggest challenge?

10. What specific improvements do you hope to make in the services you provide to users in the next two years?

附录5 美国城镇与乡村居民利用社区图书馆调查问卷
Questionnaire for the Residents to Use the Public Libraries

● Part 1 Basic Situation

1. Are you male or female?　　（1）Male　　　（2）Female

2. How old are you?

（1）18–29　　（2）30–39　　（3）40–49　　（4）50–59　　（5）60–69

3. How far did you go in school（the highest degree）?（Circle one number.）

（1）Grade school　　　　　　　　（2）High school

（3）College or technical school　　（4）Post-graduate or more

4. Are you originally from the local area, if not or where?

Yes　　No_____

● Part 2 How do you usually use the library?

1. Do you have a current library card?　　（1）Yes　　（2）No

2. How many times did you use a public library during the past 12 months? （Circle one number.）

（1）None　　　　　（2）1–5　　　　　（3）6–10

（4）11–15　　　　（5）16–20　　　　（6）21 or more

3. Have you ever done any of the following while using a library?（Circle one number on each line）

	Yes	No
（1）Asked a reference question?	1	2
（2）Checked out a book?	1	2
（3）Borrow CDs and others	1	2
（4）Read a magazine or newspaper?	1	2
（5）Participate in a program?	1	2

（6）Use computer and networks　　　　　　　　　1　2

（7）Accompany children to the library　　　　　　1　2

（8）Just relax and entertainment　　　　　　　　1　2

（9）Do other things_____

4. Some factors affect you using the library（Circle one number on each line）

	Of great importance	Of some importance	Of little importance	Of no importance
（1）Adequate hours of services	1	2	3	4
（2）Multiple copies of books or DVDs	1	2	3	4
（3）Helpful staff	1	2	3	4
（4）Very near home	1	2	3	4

5. Your overall satisfaction with the services of the library:（Circle one number.）

（1）Of great satisfaction　　　　　　（2）Of some satisfaction

（3）Of little satisfaction　　　　　　（4）Of no satisfaction

● Part 3 Computers literacy and Computers use situation

1. Do you use computer in the last few months?　（1）Yes　　（2）No

2. If you have used the computers, circle any of the places you've used a computer in the last few months（Multiple choice）

（1）My own home　　　（2）a friend's home　　　（3）a relatives' home

（4）Community computer lab（5）my work place　　（6）public library

3. What do you do when you use computers in the library（Multiple Choice）

（1）Studying（such as use the library's database\find the important information\email)

 (2) Entertainment (such as listening to the music\play games)

 (3) Have communication with someone

 (4) Find jobs

 (5) Others_____

附录6 美国伊利诺伊州城镇－乡村居民利用社区图书馆调查问卷反馈样卷
Questionnaire for Residents to Use the public Libraries

- Part 1 Basic Situation

1. Are you male or female?　　　（1）Male　　　（2）Female

2. How old are you?

（1）18–29　　（2）30–39　　（3）40–49　　（4）50–59　　（5）60–69

3. How far did you go in school（the highest degree）?（Circle one number.）

（1）Grade school　　　　　　　　　（2）High school

（3）College or technical school　　　　（4）Post-graduate or more

4. Are you originally from the local area, if not or where?

Yes　　　No_____

- Part 2 How do you usually use the library?

1. Do you have a current library card?　　　（1）Yes　　（2）No

2. How many times did you use a public library during the past 12 months?（Circle one number.）

（1）None　　　　　（2）1–5　　　　　（3）6–10

（4）11–15　　　　（5）16–20　　　　（6）21 or more

3. Have you ever done any of the following while using a library?（Circle one number on each line）

	Yes	No
（1）Asked a reference question?	1	2
（2）Checked out a book?	1	2
（3）Borrow CDs and others	1	2
（4）Read a magazine or newspaper?	1	2
（5）Participate in a program?	1	2

(6) Use computer and networks　　　　　　　　　　1　　2

(7) Accompany children to the library　　　　　　　1　　2

(8) Just relax and entertainment　　　　　　　　　1　　2

(9) Do other things_____

(10) accessible bt library card,e.g.My Medisudl

(11) Atteuel perfd imones

(12) clob weetings in prbilc rooms

4. Some factors affect you using the library (Circle one number on each line)

	Of great importance	Of some importance	Of little importance	Of no importance
(1) Adequate hours of services	1	2	3	4
(2) Multiple copies of books or DVDs	1	2	3	4
(3) Helpful staff	1	2	3	4
(4) Very near home	1	2	3	4

5. Your overall satisfaction with the services of the library: (Circle one number.)

　　(1) Of great satisfaction　　　　　　(2) Of some satisfaction

　　(3) Of little satisfaction　　　　　　(4) Of no satisfaction

● Part 3 Computers literacy and Computers use situation

1. Do you use computer in the last few months?　　(1) Yes　　(2) No

2. If you have used the computers, circle any of the places you've used a computer in the last few months (Multiple choice)

　　(1) My own home　　　(2) a friend's home　　(3) a relatives' home

(4)Community computer lab (5)my work place　　(6)public library

3. What do you do when you use computers in the library(Multiple Choice)

(1)Studying(such as use the library's database\find the important information\email)

(2)Entertainment(such as listening to the music\play games)

(3)Have communication with someone

(4)Find jobs

(5)Others_____

后记

十年之前，笔者已经开始进行本书素材的收集和整理，并发表了相关研究论文，完成了博士学位论文的撰写。十年之间，我经历了婚后生子，如今已经是两个孩子的母亲，待家庭稳定孩子稍微长大之后，夜深人静的时候，总是惦念着十年之前未了的心愿——当年自己所热衷的研究是否要继续做下去？毕业之后因为种种原因，有一段时间，我的学术研究集中在了公众健康研究和医学信息学相关研究。但回顾自己当年的求学历程，国家和学校曾投入很大的人力、物力来培养我进行当时的研究，而我能做的不仅仅是经历了毕业了就过去了，而是要给国家、给社会也给自己一个合适的总结和交代。于是，趁着自己还有一团在燃烧的未灭的热爱学术之火，继续补充并更新了当年"公共文化服务体系"方向的相关研究，完成此书稿。因此，拙著《美国城镇与乡村基层图书馆发展研究》是基于本人博士论文基础之上做出的进一步研究，更新了相关数据，还增补了当前乡村振兴背景下中国基层图书馆的发展和数字环境下美国城镇与乡村基层社区图书馆发展等内容。我相信美国基层图书馆从过去到现在的发展轨迹具有可供借鉴的信息性和有效性。

我要特别感谢我的博士生导师北京大学信息管理系刘兹恒教授对本书给出的宝贵的指导建议。在校的时候，导师就对我的学术研究给予了无微不至的指导，深化和拓展了我的学术研究之路；毕业多年之后在近期撰写本书过程中，导师仍是不遗余力地给予了很多方面的指导建议和意见，令我动容。感谢我的硕士生导师北京师范大学图书馆馆长王琼研究馆员，引领我走上学术之路。感谢中国传媒大学图书馆龙小农教授、侯新宇副研究馆员和杨洋副研究馆员对该书给予的悉心指导；感谢国家图书馆研究院副院长李丹博士给出的诚恳而专业的修改建议；感谢广州大学图书馆张新兴博士给予的细致指导和帮助；感谢中国科协创新战略研究院钟卫宏老师对本书提出的修改建议。另外，感谢本书早期撰写准备过程中，对我研究工作给予支持的UIUC外方导师Terry L.Weech以及能够在繁忙工作当中抽出时间接受访谈的美国城镇和乡村社区的图书馆馆长和馆员们；感谢学苑出版社战葆红等编辑老师，是他们专业的审校经验和认真的审校工作，才能使本书以最好的状态呈现在读者面前。还要感谢所有在本书写作过程中给予我帮助的尚未提及姓名的北京大学和美国伊利诺伊大学香槟分校的老师和同学以及其他所有善良的人们，是他们的爱与光，温暖和照亮我前行的道路，让我能够一直坚持下去。

撰写此书，历时弥久，感慨良多，这期间，有"莫听穿林打叶声，何妨吟啸且徐行"的淡然平静，也偶有"泪眼问花花不语，乱红飞过秋千去"的悲观迷惘，更有"长风破浪会有时，直挂云帆济沧海"的激昂上进。总之，成书的此刻，2023年农历新年的鞭炮已经燃放，烟花升起，又是一年，时间永远向前，前路漫漫其修远兮，吾仍将上下而继续求索！

由于作者水平有限，撰写过程中虽然尽力搜罗资料，详尽来写，但仍有很多资料尚未涉猎和能够全面掌握；或本书中有关观点有所偏颇或不当，敬请各位专家和读者批评斧正！

曹海霞

2023年1月于北京